franckh

# Einführung

Nach einem Siegeszug ohnegleichen in über hundert Jahren Entwicklungsgeschichte hat die Eisenbahn in heutiger Zeit unbestritten Terrain dem Kraftfahrzeug abtreten müssen, zumal durch dessen spezifische Vorteile in der flexibleren Erschließung der Fläche, freizügigeren Einsatzfähigkeiten und zum Teil höheren Reisegeschwindigkeit der Eisenbahn echte Konkurrenz erwachsen ist.

Trotzdem bleibt die dominierende Stellung der Eisenbahn im Personen- und Güterfernverkehr nahezu unangefochten, selbst im Personennahverkehr der Großstädte kann sie in Geschwindigkeit und Transportkapazität von keinem anderen Verkehrsmittel aus dem Felde geschlagen werden, im Gegenteil, sie ist ständig im Vormarsch.

Mögen diese Tatsachen auch in jedem Land spezifischen eigenen Bedingungen unterliegen, überall stellen die Eisenbahnverwaltungen jedoch gleichermaßen Überlegungen an, die Eisenbahn, ausgerüstet mit modernster Technik, hohem Komfort, großer Geschwindigkeit und Sicherheit über die Jahrtausendwende zu führen.

Zukunft und Vergangenheit, Fortschritt und Tradition liegen eng beieinander, insbesondere, wenn durch historisch relevante Ereignisse, Jubiläen, der Anlaß gegeben ist, Entwicklungsprozesse durch vielseitige Publikationen, Ausstellungen und Sonderveranstaltungen in den Blickpunkt der Öffentlichkeit zu stellen.

In jüngster Zeit betrifft diese Würdigung vielerorts die Eisenbahn, deren erste Strecken bereits das 150. Jubiläum begehen. Die Revolutionierung des Verkehrswesens im 19. Jahrhundert durch die dampfbetriebene Eisenbahn war verbunden mit einem gewaltigen Aufschwung von Industrie, Wirtschaft und Handel, nahm schlechthin unmittelbaren Einfluß auf die Entwicklung der Produktivkräfte und Produktionsverhältnisse. Als Großverbraucher von Kohle, Eisen sowie Baumaterialien aller Art wurde die Eisenbahn selbst zum unmittelbaren Herausforderer der sich sprunghaft entwickelnden Industrie. Verständlich, daß infolgedessen der Begriff »Eisenbahnjahrhundert« geprägt wurde.

Bereits 1975 beging Großbritannien feierlich das 150jährige Jubiläum der ersten öffentlichen Eisenbahnstrecke der Welt, der Stockton-Darlington Eisenbahn mit einer faszinierenden Lokomotivparade[1], angeführt von einer Replica der »Lokomotion« von George Stephenson[2].

Die Vollendung der ersten Fernbahn der Welt vor 150 Jahren bewog die British Rail, an der Stätte des legendären »Lokomotivrennens« von 1829, in Rainhill, im Jahre 1980 das Jubiläum der Liverpool-Manchester Eisenbahn zu feiern. Etwa 130 Tausend Besucher aus dem In- und Ausland nahmen an dem Fest im klassischen Land der Dampflokomotive teil.

Das Jubiläum der ersten deutschen Eisenbahn stand 1985 an, als vor 150 Jahren am 7. Dezember 1835 der erste Zug von Nürnberg nach Fürth, 6,04 km Strecke bewältigte. 1987 begingen die Sowjetischen Staatseisenbahnen und Österreichischen Bundesbahnen ihr Jubiläum.

Der unmittelbare Anlaß zur Herausgabe unseres Reprintdruckes ist das Jubiläum der Strecke von Leipzig nach Dresden, die 1989 150 Jahre besteht.

Vergleichbar in der Bedeutung mit der Liverpool-Manchester Eisenbahn für Großbritannien, leitete sie unmittelbar als erste deutsche Fernbahn die Realisierung des 1833 veröffentlichten grandiosen Listschen Entwurfes[3] eines deutschen Eisenbahnnetzes ein, bewies eindrucksvoll die erstmalige Realisierung langer Strecken, komplizierter Flußüberquerungen (Elbbrücke bei Riesa) und die Überwindung von natürlichen Geländehindernissen (Oberauer Tunnel).

Nach Listschen Ideen war die Strecke von Anfang an als Privatbahn konzipiert worden. Unter Leitung eines gewählten Direktoriums konstituierte sich 1835 eine Aktiengesellschaft, die als Leipzig-Dresdner Eisenbahn-Compagnie firmierte. Im allgemeinen Geschäftsgebrauch als Leipzig-Dresdner Eisenbahn, kurz LDE, bezeichnet, finden sich als Wagenanschriften und auch in den späteren sächsischen Wagenverzeichnissen die Kurzbezeichnung LD. Die Konzession zum Bau der Strecke war am 6. Mai 1835 erteilt worden.

Es ist keine Erfindung unserer Tage, der ersten deutschen Ferneisenbahn so große Bedeutung beizumessen, wenn auch die Würdigung zu den zurückliegenden Jubiläen unterschiedlich war. Bereits zum 25. Streckenjubiläum ließ das damalige Direktorium der Leipzig-Dresdner Eisenbahn-Compagnie eine Denkschrift unter dem Titel: »Die Leipzig-Dresdner Eisenbahn in den ersten 25 Jahren Ihres Bestehens« herausgeben. Zum 50. Jubiläum erschien als Sonderausgabe die Schrift, die unserer Reprintausgabe zugrundelegt: »Erinnerungen an den Bau und die ersten Betriebsjahre der Leipzig—Dresdner Eisenbahn« von Ludwig Neumann und P. Ehrhardt, zuerst veröffentlicht in vier Einzelaufsätzen im »Civilingenieur«, 35. und 36. Band, 1889 und 1890.

Aus Anlaß des 100. Jubiläums der Eröffnung des ersten Teilstückes von Leipzig nach Althen fand in Leipzig im Jahre 1937 eine vom Museum der Geschichte der Stadt Leipzig unter Beteiligung des Eisenbahnmuseums der Reichsbahndirektion Dresden gestaltete Ausstellung und im neuen Rathaus eine Festveranstaltung statt.

Bereits 1934 erlebte Dresden auf dem ehemaligen Ausstellungsgelände am Stübelplatz (heute Fucik-Platz) eine Reichsbahnausstellung. In Erinnerung an die erste betriebsfähige deutsche Lokomotive verkehrte eine verkleinerte Saxonia-Nachbildung mit einigen Wagen, gummibereift, und beförderte Ausstellungsbesucher durch die Straßen. Die regelmäßige Beteiligung des Eisenbahnmuseums vor allem an Ausstellungen in Dresden, oft mit völlig abwegiger Thematik, war keine Einzelerscheinung und bereits vorher mehrfach praktiziert worden. Den Beständen des ehemaligen Dresdner Eisenbahnmuseums, vielfach als sächsisches Eisenbahnmuseum bezeichnet, wurde die Vorlage unserer Reprintausgabe nebst Bildanhang entnommen; sie gehören heute zu Bibliothek und Dokumentensammlung des Verkehrsmuseums in Dresden. Diese Zusammenhänge, wenig bekannt, seien hier eingeflochten.

Der Mitautor der »Erinnerungen«, Ludwig Neumann, hatte selbst eine sehr enge Bindung zum damaligen Eisenbahnmuseum in Dresden. Als Betriebsingenieur der Sächsischen Staatseisenbahn, später Geheimer Bau- und Finanzrat, begann er im Jahre 1877 in Vorarbeiten für eine 1878 in Dresden stattfindende Versammlung des Verbandes Deutscher Ingenieur- und Architektenvereine bei einzelnen Dienststellen verstreute ältere Urschriften, Entwürfe, Zeichnungen, Modelle und Musterstücke zusammenzutragen[4] und in geordneter Weise aufzubewahren. Interessanterweise fällt in diese Zeit, genau in das Jahr 1876, die Verstaatlichung der Leipzig-Dresdner Eisenbahn, so daß besonders von dieser Strecke wertvolles Material in die Sammlung beim Ingenieur-Hauptbüro übernommen werden konnte. Aus handschriftlichen Vermerken zu einer von Neumann verfaßten »Anleitung zum Besuch der Eisenbahnsammlung in Dresden«[5] (1902) ist zu entnehmen, daß sich Neumann persönlich dieser Sammlung verpflichtet fühlte. Analoge Hinweise enthält das Vorwort zu einer weiteren Schrift Neumanns: »Vorbereitung und Bau der sächsisch-bayrischen Eisenbahn Leipzig-Altenburg-Landesgrenze gegen Hof«[6].

Bereits in den 80er Jahren erfuhr die Sammlung bemerkenswerte Bereicherungen durch Geschenke u. a. von Neumann selbst, dessen Familienbeziehungen (sein Schwiegervater war der Geheime Rat und Ingenieurmajor v. d. A. Robert Wilke, Oberingenieur der sächsisch-bayrischen Eisenbahn) und langjährige Berufsbetätigung im Eisenbahnbau und -betrieb es ihm ermöglichten, der Sammlung manches wertvolle Stück hinzuzufügen.

Wesentlich ist jedoch, daß durch das Wirken Neumanns angeregt, weitere bekannte Persönlichkeiten, wie der spätere Präsident der Königlich-Sächsischen Generaldirektion, Dr.-Ing. h. c. Dr. Ulbricht, in Gemeinschaft mit weiteren leitenden Mitarbeitern Neumanns Sammlung mit einer ebenfalls vorhandenen maschinen-, signal- und elektrotechnischen Sammlung vereinigten und diese museal erschlossen werden konnten.

Die Eisenbahn-Sammlung bekam nach Neubau des Generaldirektionsgebäudes der Königlich-Sächsischen Staatseisenbahnen in Dresden, Wiener Str. 4 (Kriegsverlust, heute Busbahnhof) 1886 ein eigenes Domizil in der dritten Etage.

Nach Gründung der Deutschen Reichsbahn im Jahre 1920 siedelte aus Platzmangel die nun bereits als Eisenbahnmuseum bezeichnete Sammlung in den Bf. Dresden Neustadt in die ehemaligen Fürstenräume über und wurde hier am 1. Juni 1923 neu eröffnet.

Leider hat das Museum aus Finanz- und Raumgründen nie die Bedeutung anderer eisenbahntechnischer Sammlungen erreichen können.

Im 2. Weltkrieg wurde die Sammlung ausgelagert, ein großer Teil ging in den Wirren der Nachkriegszeit verloren, unter anderem die einzig vorhandene Originalzeichnung der »Saxonia«[7].

Die erhalten gebliebenen Dokumente kamen, wie bereits erwähnt, in das 1952 neugegründete Verkehrsmuseum Dresden.

Besonders auf dem einstmaligen Spezialgebiet Neumanns, der Oberbau- und Hochbautechnik, stehen heute glücklicherweise aus den alten Beständen noch wertvolle Sachdokumente zur Verfügung, ein Dokumentenschatz, mit dem Neumann selbst seine publizistischen Arbeiten belegen konnte.

Das Wissen um diese Dinge bestärkt uns in der absoluten Authentizität des Neumannschen Berichtes über die LDE, denn immerhin liegt von den ersten Ereignissen bis zur Drucklegung fast ein ganzes Menschenleben.

Eine wesentliche Quelle der »Erinnerungen« bildete nach eigenen Angaben der Autoren die bereits erwähnte Jubiläumsschrift von 1864, die auch in späteren Veröffentlichungen oft zitiert wird[8].

Erwartungsgemäß durchdringt die Persönlichkeit Friedrich Lists die gesamte spezifische Literatur zur LDE, so auch diese Denkschrift. Unangefochten ist die Anerkennung Lists in seiner publizistischen Wegbereitung der LDE und unmittelbaren theoretischen und praktischen Vorarbeit zum Bau der Strecke, aber auch für das deutsche Eisenbahnwesen überhaupt. Letzteres war mit Sicherheit der Hauptgrund dafür, daß List für das Direktorium mehr und mehr unbequem wurde und mit ihm zunehmend in Konflikte geriet. Den Aktionären ging es in erster Linie um die schnelle Realisierung ihres Bauvorhabens, List sprach von einem deutschen Eisenbahnwesen.

Die Haltung des Direktoriums zu List, seine Ausklammerung und die Art seiner Abfindung waren Tatsachen, die dem Direktorium der LDEC auf Dauer nicht gut zu Gesicht standen und vom List-Biographen, Ludwig Häuser, aufgegriffen wurden. Das »Leipziger Tageblatt« Nr. 334 des Jahrganges 1863[9] hatte diese Auffassung übernommen, so daß es höchste Zeit wurde, in der Gedenkschrift von 1864 mehrere Seiten der Rechtfertigung der Haltung zu List zu widmen.[10] Für List kam dies alles bekanntlich zu spät, denn er hatte bereits 1846 in völliger Verzweiflung den Freitod gewählt.

Während die Denkschrift, förmlich wie aus einem Guß, Erfahrungen des Direktoriums aus 25 Jahren Privatbahnzeit, die Vorgeschichte sowie technische und ökonomische Details eingeschlossen, abhandelt, Entwicklungstendenzen zur beabsichtigten Verstaatlichung und Zusammenschluß im Verband deutscher Eisenbahnverwaltungen aufzeigt, entstand mit den »Erinnerungen« ein wissenschaftlich straff gegliederter, mit Zeichnungsanhängen versehener, Bericht der Vor- und Baugeschichte einschließlich der Ergebnisse der allerersten Betriebsjahre.

So umreißen die Autoren, von denen die Prioritäten nach eigenen Angaben[11] Neumann zuzuordnen sind, das gesamte Spektrum des Bau- und Bahnbetriebes, detaillierte bautechnische, betriebliche und maschinentechnische Fakten bis zu den ersten Dienstvorschriften (Signalbuch). Außerordentlich interessant und eigentlich für spätere Generationen beispielgebend ist die breite Anlage ökonomischer Betrachtungen, Kalkulationen, Kosten, Ergebnisse.

Im Charakter eines Kompendiums ist die Neumannsche Schrift für den heutigen historisch interessierten Leser eine höchst wertvolle Fundgrube, alles Wesentliche der Anfangsjahre wird, mit den genannten Zeichnungen zusätzlich veranschaulicht, übermittelt. Einzelne Details der historischen Unterlagen sind heute nicht mehr auffindbar.

Hinzugefügt wurden historische Aufnahmen aus den Beständen des ehemaligen sächsischen Eisenbahnmuseums. Die Auswahl soll erfreuen und ein wenig Eisenbahnatmosphäre einer Zeit vermitteln, der wir längst entwachsen sind.

Das Verkehrsmuseum Dresden setzt heute in seinem Sammlungsgebiet Eisenbahnwesen die Tradition des sächsischen Eisenbahnmuseums fort. Im 150. Jubiläumsjahr der LDE wird Gelegenheit sein, einen Teil der alten Dokumente der Strecke wieder der Öffentlichkeit zugänglich zu machen.

Mittlerweile ist die Zeit aber soweit vorangeschritten, über einhundert Jahre liegt bereits die Verstaatlichung der Strecke zurück, daß die äußerst wertvollen und interessanten Dokumente der Pionierzeit natürlich nicht mehr den Hauptinhalt einer heutigen Darstellung bilden können.

Mit der Eingliederung in die Königlich-Sächsischen-Staatseisenbahnen, die 1920 als Sächsische Staatseisenbahnen zur neugegründeten Deutschen Reichsbahn übergingen, verlor sich die spezielle Geschichte dieser Strecke im Gefüge immer größerer Staatsbahngebilde. Ab 1945 folgte ein völliger Neubeginn nach Beendigung des furchtbaren Weltkrieges.

Ungeachtet dessen gab die Strecke späteren Chronisten Anlaß, Spezifika ihrer Entwicklung festzuhalten und ihre Geschichte aus heutiger Sicht zu schreiben.

Neumann schließt in aller Konsequenz 1840 ab und als diese Schrift 1889 zum 50. Jubiläum erschien, hatte sich bereits Grundsätzliches geändert, waren vielfach die alten Anlagen bereits dringend notwendigen Erweiterungen an Gleisen und Gebäuden gewichen. Durch Streckenerweiterungen, entstandene Industrieobjekte, angeschlossene Neben- und Schmalspurbahnen, waren sie dem größeren Verkehrsaufkommen nicht mehr gewachsen. Den großen Kunst- und Brückenbauten erging es ähnlich.

So ist der Döllnitztal-Viadukt bei Zschöllau (heute Oschatz) bereits in den Jahren 1847/48 in einen Damm umgewandelt worden, um Unterhaltungskosten zu sparen und eine größere Sicherheit zu gewährleisten. Heute sind nur noch drei Bögen zu sehen (durch einen dampfte einst die Schmalspurbahn nach Strehla), ein zusätzlicher ist dem Döllnitzbach vorbehalten. Diese und weitere Maßnahmen aus der Zeit der LDEC zeugten davon, daß im großen und ganzen die ökonomische Kraft der Gesellschaft ausreichend war, unter Gewährleistung der Zinsen und Dividenden Bauvorhaben dieses Umfanges realisieren zu können.

Eine bewegte Geschichte hat die Elbbrücke bei Riesa hinter sich, deren jüngste Ereignisse bis in unsere Zeit reichen.

Die Holzkonstruktion der ersten Brücke hatte trotz rechtzeitiger Maßnahmen gegen Durchfeuchtung und der Konservierung eine Unmenge an Unterhaltungskosten verursacht. Angeregt durch Max Maria von Weber, erfolgte in den Jahren 1874–75 (Bauzeit 13 Monate!) ein Neubau als schmiedeeiserne Brücke mit einer freien Mitteldurchfahrt von 93 m (Elbschiffahrt). Durch Hochwasser und Eisgang begann am 19. 2. 1876 die totale Zerstörung der neuen Brücke[12], das größte Unglück für die Strecke bisher überhaupt. Die »dritte« Elbbrücke konnte am 12. Februar 1878 übergeben werden, nachdem die Bergung der eingestürzten Brücke unter sehr komplizierten Bedingungen erfolgt war.

Die heutige (vierte) Elbbrücke entstand 1966, da die nun schon wieder 88jährige Eisenbahnbrücke den neuen Anforderungen im Eisenbahnverkehr absolut nicht mehr gewachsen war. Vergeblich sucht der Reisende heute auf der Fahrt von Leipzig nach Dresden den Oberauer Tunnel. Nach Passieren des Bahnhofs Priestewitz erreicht der Zug nach ca. 8 km unmittelbar hinter dem Block Gröbern nach einer großen Linkskurve einen auffallend tiefen Einschnitt. Oberhalb der linken Böschung bei km 93,2 ist vom Wagenfenster aus ein Obelisk zu erkennen, erbaut aus den Resten eines Tunnelportales, an den ersten deutschen Eisenbahntunnel erinnernd. Im Jahre 1933 wurde der Tunnel abgetragen, da er der größeren Abmaße moderner Eisenbahnfahrzeuge zufolge ein Begegnen der Züge auf der zweigleisigen Strecke nicht mehr zuließ.

Wesentliche Veränderungen betreffen noch weitere Kunst- und Hochbauten der Anfangsjahre, vor allem die Bahnhofsanlagen der beiden Endbahnhöfe Leipzig und Dresden.

Der erste Dresdner Bahnhof in Leipzig befand sich im Bereich der heutigen Ostseite des Hauptbahnhofes[13]. Die Bahnhofshalle des ersten Bahnhofes, nach englischem Vorbild erbaut, erfuhr bereits frühzeitig kleine Veränderungen, sie ist auf Tafel 1 dargestellt. Nach Abriß entstand 1864–66, also noch zur Zeit der LDEC, ein neues Gebäude mit wieder viergleisiger Abfahrtshalle, durch den westlich angrenzenden Magdeburger Bahnhof bereits stark beengt.

Mit dem Bau eines Übergabebahnhofes im Norden zu den übrigen von Leipzig abgehenden Hauptrichtungen Berlin, Magdeburg und Erfurt erfolgte Mitte der 70er Jahre des vorigen Jahrhunderts die Aufgabe der alten Dresdner Gleistrasse (heute bebautes Stadtgebiet) auf 3,5 km Länge. Am 1. 2. 1913 fuhr der letzte Zug aus dem Dresdner Bahnhof, dessen Aufgaben ab 1915 vom fertiggestellten Leipziger Hauptbahnhof übernommen wurden.

Von den einstmaligen Heizhausanlagen der Zeit um 1880 ist ein Gebäude bis heute erhalten geblieben. Traditionsbewußt beging das Bahnbetriebswerk Leipzig Hauptbahnhof Süd als direkter Nachfolger des Heizhauses der LDE bereits 1987 sein 150. Betriebsjubiläum.

Der Leipziger Bahnhof in Dresden war außerhalb der damaligen Bebauungsgrenze im Bereich zwischen Leipziger Straße und Chaussee nach Moritzburg/Großenhain angelegt. Der erste Umbau erfolgte bereits 1857. Von 1846 bis 1852 war im Auftrage der Staatsregierung von Wasserbaudirektor Theodor Kunz, dem ehemaligen Oberbauleiter der LDE, und Johann Gottlieb Lohse, die Marienbrücke über die Elbe gebaut worden[14]). Die Brücke gemeinsam für Eisenbahn- und Straßenverkehr nutzend, war noch zur Zeit der LDEC vom Leipziger Bahnhof aus über die Staatsbahnstrecke der Sächsisch-Böhmischen Eisenbahn eine direkte Verbindung nach Prag/Wien möglich geworden. Auf unserem Foto (Tafel 6) ist der Zustand nach Bau der Marienbrücke sichtbar. Erst 1901 wurde der heutige Bahnhof Dresden Neustadt mit Gleisen in Hochlage als Ausgangspunkt nach Leipzig, Berlin und Görlitz/Zittau seiner Bestimmung übergeben. Die Verbindung zum Hauptbahnhof erfolgte über eine gleichzeitig entstandene viergleisige Eisenbahnbrücke, die Marienbrücke verblieb bis heute dem Straßenverkehr.

Die wachsenden Verkehrsaufgaben auf der Strecke Leipzig-Dresden, die sich gravierend auf die Bautätigkeit auswirkten, hatten selbstverständlich auch ihre Konsequenzen im Lokomotiv- und Wagenpark.

Bereits nach wenigen Jahren wurden durch die gewachsenen Beförderungsansprüche die ersten leichten Lokomotiven aus England und die »Saxonia« von Prof. Schubert aus dem Betrieb genommen. 1849, belegt durch den Geschäftsbericht der Direktion[15]), erfolgte der Abbruch von »Komet«, »Faust« und »Saxonia«. Wegen der erst viel später erfolgten Zweitbesetzung des Namens »Saxonia« vermuten viele Autoren[16]) eine spätere Ausmusterung der Maschine, für die aber keine Beweise vorliegen.

Zunehmend waren von Borsig/Berlin, Hartmann/Chemnitz (heute Karl-Marx-Stadt) und der Maschinenfabrik Esslingen deutsche Lokomotiven geliefert und in Betrieb genommen worden.

Bedingt durch die relativ günstigen Neigungsverhältnisse der Strecke genügten bis zur Jahrhundertwende Lokomotiven mit zwei, maximal drei Kuppelachsen, letztere vor allem für den Güterverkehr; im Personenzug- und Schnellzugdienst waren lange Zeit sogar die Lokomotiven mit der Achsformel 1 A 1[17]), d.h. mit einer mittleren Treibachse, im Volksmund als Spinnrad bezeichnet, in Betrieb.

Mit der Einbeziehung in die Sächsischen Staatseisenbahnen beginnt eine größere Freizügigkeit im Einsatz der Lokomotiven. Die Aufnahme in den Nummernplan der Deutschen Reichsbahn gelingt den von der LDEC beschafften Lokomotiven jedoch nicht.

Nach 1920 kommen zunehmend Lokomotiven der ehemaligen Preußischen Staatsbahn zum Einsatz, vor allem P 8, P 10 und G 12[18]) finden ein reiches Betätigungsfeld und teilen sich die Aufgaben mit sächsischen Typen. Vor allem die »Preußen« hielten sich bis ans Ende der 50er Jahre im Zugdienst.

Mit dem Neubau von Dampflokomotiven zieht Ende der 50er Jahre die Neubaulok BR 23.10 in den Personen- und Schnellzugdienst ein, gefolgt von Diesellokomotiven der BR V 180 (heute BR 118). Nachdem bereits Teilabschnitte elektrifiziert sind, erfolgt 1970 die Aufnahme des elektrischen Zugbetriebes und der Einsatz von Ellok auf der Gesamtstrecke.

Immerhin hatte sich der Zuwachs an Transportaufkommen auf der Strecke Leipzig-Dresden soweit entwickelt, daß sie bereits in der großen ersten Elektrifizierungsphase als Abschluß des sogenannten sächsischen Dreiecks Leipzig-Dresden-Werdau (Reichenbach)-Leipzig in Angriff genommen wurde. Wichtige Industrieanlieger wie das Rohrkombinat Riesa, einst durch den Bau der Strecke initiiert, erzeugen bedeutsame Güterströme; die Aufgaben im Güter- und Personenfernverkehr wachsen ständig.

Ein abschließendes Wort sei dem Wagenbau und -einsatz gewidmet.

War es bereits kurz nach Eröffnung der eigenen Wagenbauanstalt in Leipzig im Jahre 1837 möglich, den Bedarf an Wagen und Tendern selbst abzudecken – nur noch Achsen und Räder kamen zuerst aus England –, belieferte ab 1840 die Wagenbauanstalt nach Erweiterung der Konzession auch andere Bahnverwaltungen. Im Geschäftsbericht von 1840 ist der Verkauf von einem Personenwagen dritter Klasse ohne Räder vermerkt[19]).

Ab 1858 gingen die Wagenbauaufgaben an die rentabler arbeitende neuentstandene Waggonbauindustrie über, hier hatten sich im Sächsischen in Werdau und Bautzen selbst zwei bedeutende Werke etabliert. Die Wagenbauanstalt diente in Verschmelzung mit dem Heizhaus nur noch Reparaturaufgaben.

Bereits die Wagenbauanstalt selbst hatte den Schritt vom zweiachsigen Wagen zum Drei- und Vierachser vollzogen, wobei die »achträdrigen« selten waren. Der Geschäftsbericht von 1858 nennt bei einem Wagenbestand von 995 Wagen nur 9 »Packwagen, bedeckt« mit 8 Rädern, d.h. 4 Achsen.

Der Beitritt der LDE zum »Verein Deutscher Eisenbahnverwaltungen« (gegründet 1846) ermöglichte größere Freizügigkeit im Wagenverkehr. Wie bei allen deutschen Staatsbahnverwaltungen entwickelte sich auch in Sachsen eine eigene Stilrichtung im Reisezug- und Güterwagenbau. Mit Bildung des Deutschen Staatsbahnwagenverbandes 1909 kam es endlich im Güterwagenbau zu Vereinheitlichungsbestrebungen im Sinne einer rationelleren Instandhaltung und Bau der »Verbandsbauart« nach Musterblättern. Im Personenwagenbau erfolgte eine Vereinheitlichung erst nach Gründung der DR, so daß sogar bis nach dem 2. Weltkrieg der typische sächsische Personenwagen auf den Strecken beobachtet werden konnte.

Diesen speziellen Gebieten haben sich dankenswerter Weise in den letzten Jahren dazu prädestinierte Verlage angenommen, so daß sich eine ausführliche Darlegung erübrigt.

Vertiefen wir uns jetzt in die »Erinnerungen« und damit in einen wichtigen Abschnitt deutscher Eisenbahnentwicklung, zugleich Produktivkraft- und Landesgeschichte Sachsens, einem der damals industriell am weitest entwickelten deutschen Staaten.

War es vor allem das Kapital des Leipziger Handelsbürgertums, das Lists kühne Pläne so schnell auf fruchtbaren Boden fallen ließ, die weiteren Kapitel schrieb die sich entwickelnde Industrie und spätestens nach 1852 auch auf dieser Strecke der Güterverkehr. Die Festschrift von 1864 schreibt dazu: »Die folgende Zeit zeigt für die Leipzig-Dresdner Eisenbahn die Erfüllung der von ihr gehegten Voraussetzungen und Hoffnungen in einer Weise, welche zur Zeit des Baues und in den ersten Betriebsjahren kaum zu erwarten war und die für die Mühe, Sorgen und Opfer der ersten Zeit hinreichende Entschädigung bot.

Es traten die heilsamen Folgen und Wirkungen der Priorität des Unternehmens zu Tage, indem dasselbe nicht nur inmitten einer tüchtigen und gewerbefleißigen Bevölkerung, als Band zwischen zwei blühenden Städten die Wohltaten einer Eisenbahnverbindung früher als in anderen Gegenden Deutschlands im allseitigen Interesse bewährte, sondern auch als fertiges und im Innern ausgebildetes Glied in nach und nach sich bildende Eisenbahnlinien eintrat, die dem Verkehr zwischen Osten und Westen, zwischen Süden und Norden Deutschlands vermittelten und auf denen Transporte sich bewegten, von deren Bedeutung und Massenhaftigkeit man vorher kaum eine Ahnung gehabt hatte. «

Dresden 1988                                                                                Rolf Steinicke

## Anmerkungen und Quellenangaben

1. Cavalcade Reflections, Official British Rail Easten Region Souvenir.
   Published September 1975 by the Public Relations Dept., British Rail, Easten Region York.

2. George Stephenson (1781–1848)
   Sohn eines Grubenarbeiters in Killingworth, Hilfsheizer, Maschinenwärter einer Newcomen-Maschine. 1803 Maschinenmeister der Grube, nachdem er erst mit 18 Jahren schreiben und lesen gelernt hatte. 1813 erste Lokomotive »Blücher«, leitender Ingenieur der Stockton-Darlington Bahn, gründete 1823 mit Sohn Robert Lokomotivfabrik Robert Stephenson & Co.

3. Friedrich List: »Über ein sächsisches Eisenbahn-System als Grundlage eines allgemeinen deutschen Eisenbahn-Systems und insbesondere über die Anlegung einer Eisenbahn von Leipzig nach Dresden.«, Leipzig 1833.

4. Aufsatz zum Sächsischen Eisenbahnmuseum und Anleitungsheft zum Besuch des Museums (1910).

5. ebenda

6. Denkschrift, nach alten Quellen bearbeitet von Ludwig Neumann, Geheimer Baurat a. D., Dresden 1901.

7. G. Arndt: Die Entwicklung des Verkehrsmuseums Dresden, in: Deutsche Eisenbahntechnik, Jg. 4 (1956), Heft 7, S. 274.

8. Vgl. Udo Becher »Die Leipzig-Dresdner Eisenbahn-Compagnie«, Berlin 1981, S. 173 ff.

9. Denkschrift von 1864, S. 57 ff.

10. Vgl. U. Becher »Die Leipzig-Dresdner Eisenbahn-Compagnie«, Berlin, 1981, S. 173 ff.

11. Vermerk Neumanns zu einer persönlichen Übereignung an den Bürgermeister von Dresden, Stadtarchiv.

12. Rolf Grieshammer: »Riesaer Elbbrücken«. Aus der geschichtlichen Entwicklung. Reichsbahndirektion Dresden 1986, S. 17.

13. Manfred Berger: »Historische Bahnhofsbauten«. 1980, S. 127.

14. Alfred Hahn, Ernst Neef: »Dresden, Ergebnisse der heimatlichen Bestandsaufnahme«. Berlin, 1984, S. 134.

15. Bauberichte, Geschäftsberichte, Gen.-Versammlungs-Protokolle von der LDE von 1834–1860.

16. Näbrich, Meyer, Preuß: »Lokomotiv-Archiv«. Sachsen Bd. 1, S. 67; vgl. auch Arthur Weichold: »Johann Andreas Schubert«. TU Dresden 1968, S. 225

17. 1 A 1 bedeutet in der Reihenfolge von vorn nach hinten:
    1 = Laufachse, A = Treibachse
    1 = Laufachse

18. P 8: Personenzuglokomotive d. ehem. Preuß. Staatseisenbahnen, später Baureihe $38^{10-40}$, gebaut v. 1906 bis 1923
    P 10: Personenzuglokomotive der ehem. Preuß. Staatseisenbahnen, später Baureihe $39^{0-2}$, gebaut von 1922–1927
    G 12: Güterzuglokomotive der ehem. Preuß. Staatseisenbahnen, später Baureihe $58^{10-21}$, gebaut von 1917–1924

19. Geschäftsberichte von der LDE von 1834–1860.

## Maßtabelle[+]

| | |
|---|---|
| 1 sächs. Post- u. Eisenbahnmeile | = 16 000 Ellen = 9,062 km |
| 1 dtsch. Meile | = 13 100 Ellen = 7,42 km[++] |
| 1 sächs. Elle = 24 Zoll | = 0,5664 m |
| 1 Dresdner Elle | = 0,5653 m |
| 1 Leipziger Elle | = 0,5660 m |
| 1 sächs. Fuß = 12 Zoll | = 0,2832 m |
| 1 engl. Fuß | = 0,3048 m |
| 1 sächs. Zoll | = 2,36 cm |
| 1 engl. Zoll | = 2,54 cm |
| 1 sächs. Quadratelle | = 0,3208 m² |
| 1 sächs. Kubikelle | = 0,1817 m³ |
| 1 sächs. Feldmesserrute | = 7 Ellen 14 Zoll = 4,295 m |
| 1 sächs. Straßenbaurute | = 8 Ellen = 4,531 m |
| 1 sächs. Acker, Feldmessermaß | = 300 Quadratruten = 17252 Quadratellen = 5534 m² |
| 1 sächs. Quadratrute | = 18,447 m² |
| 1 sächs. große Schachtrute | = 96 Kubikellen = 17,442 m³ |
| 1 sächs. Pfund | = 0,5 kg |
| 1 engl. Pfund | = 0,4536 kg |
| 1 engl. Tonne | = 20 engl. Zentner zu 50,8026 kg |
| 1 sächs. Taler | = 1 Reichstaler |
| | = 30 Neugroschen |
| | = 300 Pfennige |
| | = 3 Reichsmark |

[+] Angaben zusammengestellt nach Neumann: Vorbereitung und Bau der sächs.-bayrischen Eisenbahn ... Dresden 1901; BI-Lexikon: Alte Maße, Münzen und Gewichte, 1986; sowie eigene Nachberechnungen.

[++] heutige Angaben: 7,5 km

(Separat-Abdruck aus dem „Civilingenieur", XXXV. Band, 2. Heft.)

# Erinnerungen an den Bau und die ersten Betriebsjahre der Leipzig-Dresdener Eisenbahn.

Von

Finanzrath **Ludwig Neumann** und Bezirksmaschinenmeister **P. Ehrhardt**.

(Hierzu Tafel V und VI.)

Ein halbes Jahrhundert ist seit der denkwürdigen Zeit verflossen, dass nach dem Voranschreiten Amerikas und Englands auch in Deutschland, insbesondere im Königreiche Sachsen, der „Eisenbahngedanke", von weitblickenden begabten Männern erfasst, in weite Kreise der Bevölkerung einzog. Das Jahr 1835, in welchem am 6. Dezember die kleine — nur 6 km lange — Eisenbahn von Nürnberg nach Fürth eröffnet wurde, ist zugleich Geburtsjahr der Idee der ersten grösseren, ausschliesslich mit Lokomotiven betriebenen Bahn von Leipzig nach Dresden geworden, deren feierliche Eröffnung in voller Länge vier Jahre später — am 8. April 1839 — stattfand.

In der Erinnerung an den hervorragenden Antheil, den Sachsen vor 50 Jahren und seitdem weiter bis auf die Gegenwart an der Entwickelung des Eisenbahnwesens genommen hat, sind die vorliegenden Blätter geschrieben worden. Ihr Zweck soll sein, unter thunlich kurz zu fassender Beschreibung bestehender Anlagen diejenigen Ereignisse und Werke in Gemeinschaft mit den an denselben meistbetheiligten Personen in sachgemässer Folge geordnet der Gegenwart und Nachwelt vorzuführen, welche, als der Entstehungsgeschichte der Bahnen vorzugsweise angehörend, der Vergessenheit anheimfallen würden, wenn sie nicht einmal im Zusammenhange und in einer eigens dem besonderen Zwecke dienenden Niederschrift dargestellt würden.

Den älteren Fachgenossen werden diese Blätter Bekanntes bringen, und doch ist zu hoffen, dass ihr Inhalt von ihnen mit Interesse werde verfolgt werden, da es dem menschlichen Fühlen eigen ist, gern in der Vergangenheit zu leben und der Rückruf eigener Erlebnisse und Erfahrungen eine besondere Anziehungskraft für Jedermann besitzt.

Den jüngeren Fachgenossen werden diese Blätter zeigen, mit welchen fast unüberwindbar scheinenden Schwierigkeiten der Bau und Betrieb der ersten grösseren deutschen Eisenbahn verbunden war, und sie werden die Thatkraft und die Erfindungsgabe der Männer bewundern, welche sich erkühnten, diese für den Anfang der deutschen Eisenbahnen doch schon recht schwierige Linie zu bauen und mit einer Zugsgeschwindigkeit zu befahren, die heute noch kaum von den Personenzügen überschritten wird.

Eine Benutzung der vorhandenen Werke „von Reden, Die Eisenbahnen Deutschlands 1845" und der „Denkschrift zur Feier des 25jährigen Bestehens der Leipzig-Dresdener Eisenbahn, 1864" hat neben dem Aufsuchen der Quellen gute Dienste geleistet. Die Beibehaltung der ursprünglichen Maasse, Gewichts- und Münzbezeichnungen erschien zur Erhöhung der Treue der, wie nicht verkannt werden darf, im Wesentlichen nur auf geschichtliche Würdigung abzielenden Darstellungen unvermeidlich und möge von diesem Gesichtspunkte aus verziehen werden.

## Eisenbahngeschichtliche Vorgänge in Deutschland und insbesondere in Sachsen bis zur Gründung der Leipzig-Dresdener Eisenbahn-Kompagnie von 1830 bis 1835.

Das grosse Ereigniss von Rainhill am 15. September 1830 und die Vorläufer desselben in England und Nordamerika würden in Deutschland rascher Widerhall gefunden haben, wenn nicht dessen damalige politische Zustände im Allgemeinen dem Gedeihen weltfortschrittlicher Regungen ungünstig gegenüber gestanden hätten.

An Männern, die dem Walten des Zeitgeistes nahe standen, fehlte es auch in Deutschland nicht. Unter anderen waren es die Gedanken und Schriften Joseph von Baader's, Bayerischen Oberbergrathes, welche schon von 1817 an für Eisenbahnen eintraten und den Bau von Nürnberg-Fürth herbeiführen halfen; vornehmlich aber blieb einem schwäbischen Unterthan vorbehalten, in Sachsen unmittelbar fördernd zu wirken.

Friedrich List hatte Deutschland im Jahre 1825 verlassen und in Nordamerika bereits seit 1827 mit Erfolg auf dem Gebiete des Eisenbahnwesens gearbeitet, war hierin auch schon im Jahre 1830 so glücklich gewesen, eine selbst erdachte und in der Ausführung geleitete Kohlenbahn „unter erstaunlichem Erfolge" eröffnen zu können.

Die tiefe Bedeutung des Eisenbahnwesens für den Völkerfortschritt begreifend, liess Oberbergrath von Baader in München im Jahre 1827 die an ihn gerichteten Briefe Friedrich List's über „Ein bayerisches und ein deutsches Eisenbahnsystem" in der Beilage der „Augsburger Allgemeinen Zeitung" abdrucken. In seinen „Mittheilungen aus Nordamerika, 1. Heft 1828, 2. Heft 1829" (Hamburg bei Hoffmann & Comp.) pries List die Eisenbahnen mit folgenden Worten:

„Ich konnte die ausserordentlichen Wirkungen der Eisenbahnen in England und Nordamerika nicht mit ansehen, ohne den Wunsch zu hegen, mein deutsches Vaterland möchte gleicher Wohlthaten theilhaftig werden."

Nachdem im Jahre 1831 List neben seinen handelspolitischen und volkswirthschaftlichen Aufträgen von der nordamerikanischen Regierung in Paris für die Neugestaltung des französischen Eisenbahn- und Expropriationswesens thätig gewesen war (Idées sur les réformes économiques et commerciales, applicables à la France, par F. List, abgedruckt in der Revue encyclopédique, März, April, September 1831), führten ihn Familienverhältnisse

im Sommer 1832 weiter nach Hamburg, wo aber seine Pläne für „ein deutsches Eisenbahnsystem" durchaus keinen Anklang gefunden zu haben scheinen, und hierauf nach Leipzig.

Hier verfasste List seine denkwürdige Schrift:

„Ueber ein sächsisches Eisenbahnsystem als Grundlage eines allgemeinen deutschen Eisenbahnsystems und insbesondere über die Anlegung einer Eisenbahn von Leipzig nach Dresden." Leipzig, A. G. Liebeskind. 1833.

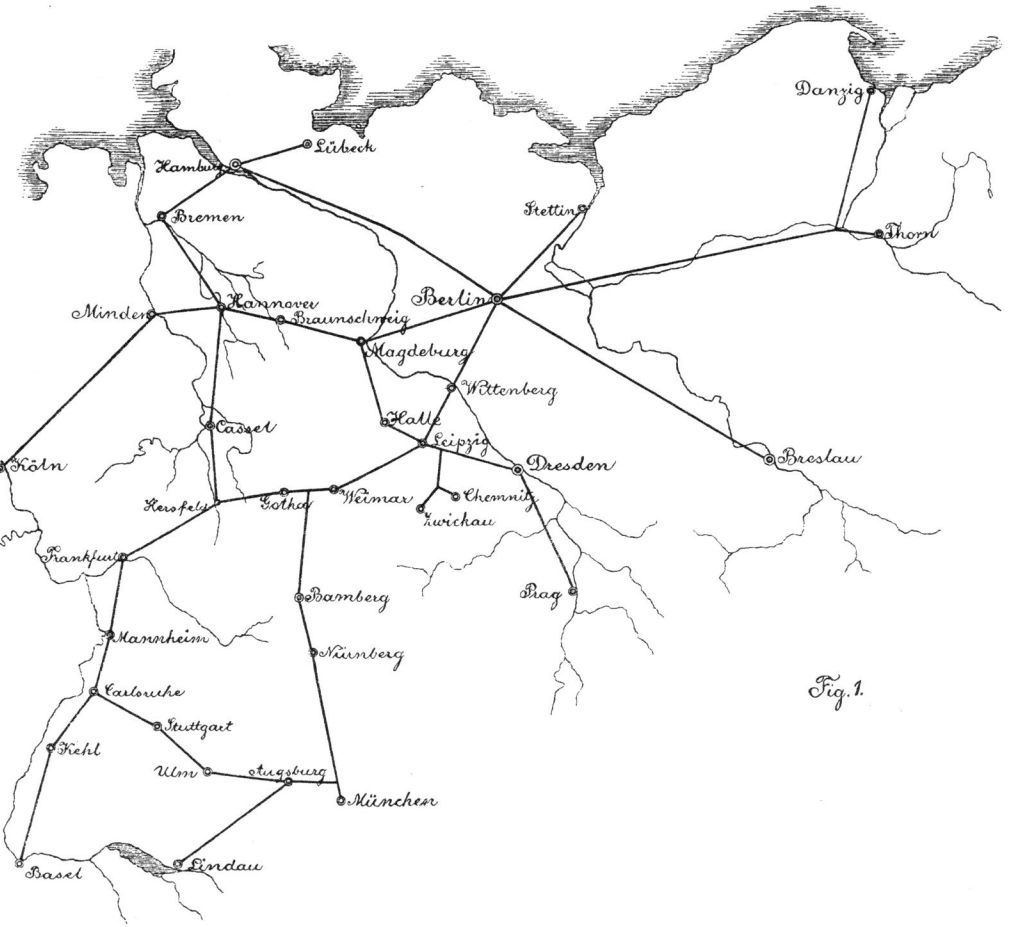

Fig. 1.

Diese Schrift enthält:

1) „eine Eingabe an die hohen und höchsten Behörden im Königreiche Sachsen", worin die grossen Vortheile einer Eisenbahn von Leipzig nach Dresden auf Grund der damaligen Erfahrungen in der überzeugendsten und getreuesten Weise dargelegt und die Mittel zur Inswerksetzung eingehend vorgeschlagen werden;

2) den „Entwurf eines Gesetzes zur Bildung von Aktiengesellschaften zu Erbauung einer Eisenbahn zwischen Leipzig und Dresden und zu Anlegung von Eisenbahnen im Königreiche Sachsen überhaupt";

3) eine Uebersichtskarte zu einem deutschen Eisen-

bahnsystem im Zusammenhange mit der Grundbahn L e i p - z i g - D r e s d e n (vgl. Textfigur 1).

Als Beweggründe zur Verfassung der Schrift nennt L i s t selbst „die Aufforderung seitens seiner Freunde im Königreiche Sachsen, den inzwischen hier rege gewordenen Unternehmungsgeist durch seine Erfahrungen zu unterstützen". Es unterliegt keinem Zweifel, dass in den Jahren 1830 bis 1833 in Deutschland wenige weitblickende Geister die Tragweite der neuen Erfindung mit derselben Zuversicht zu erkennen vermochten, wie F r i e d r i c h L i s t. Man darf jene Schrift als die hauptsächlichste, das Gewirr streitender Urtheile über Eisenbahnanlagen in Deutschland überhaupt klärende erfolgreiche Erscheinung betrachten, und es möge daher auch Sachsen noch heute der Geistesarbeit dankbar gedenken, mit welcher L i s t den Eifer für ein sächsisches Eisenbahnsystem rechtzeitig anzufachen verstanden hat. Das Land folgte unmittelbar den Anregungen L i s t ' s auf der Bahn eines Weltfortschrittes, welcher nunmehr nach 50 Jahren die Quelle grossartigster Verkehrsentwickelungen unter den Kulturvölkern geworden ist.

Aber auch J o s e p h v o n B a a d e r darf noch einmal genannt werden. Eine — wie er selbst bestätigt — im Jahre 1833 bereits 25 Jahre währende „Beschäftigung mit dem Eisenbahngedanken" führte ihn anlässlich der Vorbereitung für die Bahn Leipzig-Dresden dahin, am 28. Februar 1833 in der „Augsburger Allgemeinen Zeitung" zu veröffentlichen: „E i n e W a r n u n g v o r e i n e r N a c h a h m u n g d e r u n g e h e u e r k o s t b a r e n u n d f e h - l e r h a f t e n B a u a r t v o n E i s e n b a h n e n u n d D a m p f - w a g e n i n E n g l a n d." Zugleich warnte v o n B a a d e r aber auch vor der leichten Bauart von Eisenbahnen nach Art der v o n G e r s t n e r 'schen Pferdebahn Budweis-Linz; er meinte ein eigenes System zu erfinden, bestehend in der Benutzung der Strassenkörper zur Geleiselegung und in der Aufstellung stehender Dampfmaschinen auf Bergeshöhen zur Förderung der Züge an Seilen bis zur Höhe und Ablaufenlassen derselben unter Wiederbenutzung des hierbei entwickelten Arbeitsvermögens. — Leider hatte der praktische Engländer hier den deutschen Denker im Erfolge inzwischen überholt.

Schliesslich sei auch eines sächsischen Unterthanen gedacht, der vermöge eigener fachmännischer Anschauungen in England und Amerika nachmals manches Verdienst um die technische Entwickelung der Bahn von Leipzig nach Dresden erworben hat, d. i. der Civilingenieur H e r m a n n K ö h l e r aus Dresden. Angestellt bei der Little Schuylkill Railroad and Coal-Company in Thomaqua in Pennsylvanien, schrieb derselbe schon unterm 6. November 1834 an ein Mitglied des Eisenbahnkomitees in Leipzig u. a. Folgendes:

„Mit hohem wissenschaftlichen Interesse und mit der auch durch andauernde und weite Entfernung unvertilgbaren Anhänglichkeit zum Geburtslande habe ich, seitdem ich schon in England die Wichtigkeit eines schnellen und leichten Verkehrs ganz schätzen zu lernen Gelegenheit hatte, dem Zeitpunkte entgegen gesehen, der das blühende Sachsen durch Annahme und Ausführung gleicher Mittel noch zehnfach blühender gleichsam erschaffen würde. — Der Gedanke einer durch ganz Deutschland allgemeinen Substituirung der Dampfkraft für die jetzt gebräuchliche kostspielige und kraftlose Methode der Transportation ist höchst ansprechend und für den jetzigen Standpunkt von Europa vielleicht auch nothwendig."

K ö h l e r bedauert hierauf, dass man in Leipzig dem angeblichen Erfolge der „Dampfstrassenkutsche (S t e a m - C a r r i a g e)" Gehör schenke, entwickelt seine Zweifel an den Vortheilen einer „r e g e l m ä s s i g e n A n w e n d u n g u n d S u p e r i o r i t ä t derselben auf l ä n g e r e Z e i t und mit angemessener Kraftäusserung in praxi" und spricht sich schliesslich für eine wirkliche Eisenbahn zwischen Leipzig und Dresden entschieden aus.

Dass der Eisenbahnbau in kurzen Zeiträumen fast ausschliesslich bestimmend auf die Gesammtrichtungen der Bau- und der Hüttentechnik einwirken werde, vermochte selbst L i s t nicht vorauszusehen; ebensowenig waren seine Erstlingspläne für deutsche Bahnbauten dem vorhandenen Landesentwickelungszustande angemessen; namentlich stand Sachsen bereits auf einer so hohen Stufe bezüglich seiner Bevölkerungsziffer und deren Verkehrsbedürfnissen, dass die Vorschläge zu urwüchsigen Bahnbauten, wie solche für amerikanische Verhältnisse taugen mochten, für Leipzig-Dresden nicht mehr geeignet erschienen. Unter anderem schlug L i s t — in Vorahnung künftiger Zeiten — ernstlich vor, „man möchte, wenn nicht die kurzen Krümmungen der Heerstrassen und ihr Lauf mitten durch Ortschaften dem Eisenbahntransport hinderlich wären, den Rath geben, die geradlinigen Strecken der Chaussee von Leipzig nach Dresden mit eichenhölzernen eisenbeschlagenen Langschwellen unter Benutzung des Schotterbanketts belegen, um mit einem Aufwande von nur 15 000 ℛℳ für die sächsische Meile eine Eisenbahn zu erhalten".[1]

Die unmittelbare Folge der Eingabe L i s t ' s an die sächsische Staatsregierung war, dass die Wünsche der Stadt Leipzig in Bezug auf irgend eine bessere Verkehrsverbindung mit der Elbe bei Strehla oder Magdeburg oder mit der Saale bei Halle — behufs Vermeidung einer Umgehung oder Abschliessung Leipzigs — in eine bestimmte Richtung einlenkten. Der nächste Anstoss zur

---

1) Im freien Lande rechnete List die deutsche Meile Bahn ausschl. Strombrücken und Tunnels = 50 000 Thlr. (Die Meile schmalspurige Nebenbahn kostet heute ungerechnet niedriger Eisenpreise mindestens das Dreifache.)

1 *

Verwirklichung dieser Ideen ging vom Kaufmann Wilhelm Seyfferth aus. Dieser, auf seinen Reisen in England mit den Vorzügen der Dampfwagen bekannt geworden, setzte sich zuerst im Herbst 1833 mit List ins Vernehmen und berieth dann im Verein mit den Kaufleuten Albert Dufour-Feronce, Gustav Harkort, Carl Lampe, W. Gross und Aug. Olearius, wie die Idee einer Eisenbahn zwischen Dresden und Leipzig verwirklicht werden könne. List rieth, vor allem Regierung und Stände für die Sache zu gewinnen, und hegte die Ueberzeugung, das deutsche Privatkapital werde nur nach Vorantritt der Gesetzgebung und des Staatskredits für die Sache dauernd zu gewinnen sein. Die Kosten für die „deutsche Stammlinie Leipzig-Dresden" allein schätzte man auf höchstens eine Million Thaler. Die oben genannten Männer beschlossen die Ablassung einer Bittschrift an die sächsische Staatsregierung unter Vermittelung des der Sache zugethanen Hof- und Justizrathes von Langenn in Leipzig behufs Erwirkung der Theilnahme derselben an dem Unternehmen, die Bittschrift ging mit 316 Unterschriften der angesehensten Personen und Handlungshäuser Leipzigs versehen an die Regierung und an die zu derselben Zeit tagende Ständeversammlung (20. November 1833) ab. Der weitere Fortgang der der Gründung der Leipzig-Dresdener Eisenbahnkompagnie vorausgehenden Ereignisse ist in der Denkschrift zur Feier des 25jährigen Bestehens der Leipzig-Dresdener Eisenbahn ausführlich behandelt. Am 5. Juni 1835 wurde die erste Generalversammlung der konstituirten Gesellschaft zusammenberufen, Ausschuss und Direktorium gewählt und von diesem am 16. Juni 1835 Gustav Harkort zum Vorsitzenden ernannt.

Am 3. Juli 1835 wurden von der Staatsregierung das Expropriationsgesetz und vom Ministerium des Innern die zugehörigen Verordnungen und Instruktionen an die Strassenbaukommissionen und Taxatoren veröffentlicht.

Damit war der erste entscheidende Schritt der Staatsregierung gethan, welcher allein es ermöglichte, nunmehr an die Verwirklichung des grossen Projektes mit vollen Kräften herantreten zu können.

### Bau der Bahn und erstes Betriebsjahr.
#### Wahl der Baulinie.

Im April 1834 hatte bereits das Komitee mit zwei seiner Ehrenmitglieder, dem Kammerrath Oberlandfeld-

messer von Schlieben und dem Wasserbaudirektor Hauptmann Carl Theodor Kunz, über die Wahl der Linie verhandelt. Es kamen vier Linien in Frage, von denen die beiden Linien über Chemnitz und über Grimma-Döbeln nach Dresden sofort als damals unbauwürdig verworfen wurden. Eine dritte Linie über Meissen, Lommatzsch und Wurzen (Textfigur 2) wurde vom Kammerrath von Schlieben vertreten und den Ministerien zur speziellen Nivellirung und Veranschlagung der hier vorkommenden Dämme, Durchstiche und Ueberbrückungen empfohlen. — Diese Arbeit wurde dann auch von dem genannten Oberlandfeldmesser mit dem ihm unterstellten Hülfspersonal in Angriff genommen. Die vierte Linie

Fig. 2.

überschritt bei Strehla die Elbe nach dem rechten Elbufer und wurde durch Hauptmann Kunz vorgeschlagen und zur weiteren Bearbeitung anheim gegeben, da sie, in Anbetracht der Schwierigkeiten, welche sich bei der von Schlieben'schen Linie ergaben, trotz des Umwegs annehmbar erschien. Dem an die Regierung gerichteten Ersuchen, Hauptmann Kunz mit Bearbeitung dieser Linie zu beauftragen, wurde bereitwilligst entsprochen, auch der Chaussee-Bauinspektor Kögel dem Hauptmann Kunz zur Hülfe bei Ausarbeitung der Anschläge beigegeben.

Da die beiden bearbeiteten Hauptrichtungen über Meissen und über Strehla auf der Strecke von Leipzig bis Wurzen zusammenfielen, konnte unerwartet der Entscheidung über die weitere Fortsetzung der Linie von Wurzen ab, auf Grund des Gesetzes und der Ausführungsverordnung vom 3. Juli 1835, sowie nach stattgehabter Einsetzung des Direktoriums, mit der endgültigen Absteckung jener Anfangsstrecke vorgegangen werden, welches Geschäft Beamte der Kgl. Kameralvermessungs-Anstalt unter Leitung des Kammeraths von Schlieben und des Oberinspektors Lohrmann noch im Jahre 1835 besorgten. Die speziellen Pläne für die nur 24 000 Ellen lange

Strecke vom „Pichhofe des Georgenvorwerks zu Leipzig" bis Posthausen wurden im Herbste 1835 der Regierung zur Genehmigung unterbreitet.

Um ein endgültiges Urtheil über die Wahl der besten Hauptrichtung zu gewinnen, bereisten Dr. Crusius und der Ingenieurhauptmann und Wasserbaudirektor Kunz — Letzterer nunmehr als der vom Direktorium für die Bauleitung in Aussicht genommene Techniker — England und Belgien. Die Genannten kehrten Anfang September 1835 voll Vertrauen auf das Gelingen des Unternehmens zurück, hatten auch in London einen der erfahrensten Eisenbahntechniker, James Walker (President of the Institution of the Civil-Engineers, Wasserbaudirektor der Themse, Erbauer der Leeds-Selby-Bahn, Inspektor der Festungswerke von Dover), zur Besichtigung der sächsischen Bahnlinie gewonnen.

Am 13. October 1835 traf James Walker mit einem Assistenten, Hawkshaw, in Leipzig ein und beging zuerst die Richtung gegen Dresden in Begleitung von Harkort, Dr. Crusius, Dufour-Feronce, Seyfferth und des aus Amerika zurückgekehrten einheimischen Bergingenieurs Köhler, sowie unter Führung Lohrmann's auf einem verbesserten Lohrmann-Schlieben'schen Variantentrakte über Wurzen, Oschatz, Döllnitzthal, Riesa, Hirschstein, Zehren, Meissen. Rückwärts führte Hauptmann Kunz auf seiner Linie Dresden-Niederau-Strehla-Oschatz-Wurzen.

Das Urtheil Walker's (22. Oktober 1835) lautete wie folgt:

„Wolle man den Trakt über Meissen bauen, den Oberinspektor Lohrmann ihm als den besten gezeigt habe, so sei bis jetzt dem nichts Gleiches im Eisenbahnfache gemacht worden; nicht allein sei der Bau der Eigenthümlichkeit des Terrains wegen sehr, sehr schwer, sondern es würden auch auf einer Strecke von beinahe vier deutschen Meilen sehr viele Häuser entweder berührt oder die Linie laufe doch in grosser Nähe von Häusern und Gärten vorbei und über anderen sehr werthvollen Grund und Boden, was nicht nur die Kosten der Expropriation sehr hoch steigern würde, sondern dieselbe auch sehr aufhältlich machen und unter vielen Bewohnern, die betroffen würden, unendlich viel Unwillen erregen müsste."

Walker sprach ferner sich dahin aus, „dass die Linie über Meissen im Hinblick auf die bei der Kompagnie verfügbaren Mittel ganz ausser Betracht kommen müsse."

Das ausführlichere Gutachten Walker's, verfasst auf Grund der Nivellements seines Assistenten, ging im März 1836 ein und bestärkte nur das Direktorium und den Ausschuss in seinem bereits gefassten Entschlusse, die Linie am rechten Elbufer zu wählen. Walker verlegte den Elbübergang der Kunz'schen Linie von Strehla nach Gröba, dicht unterhalb Riesa, gab als Steigungsmaximum 1:200, anstatt 1:100, als Kurven-halbmesser-Minimum 4000 Fuss anstatt 2000 an, trat mit vollster Entschiedenheit für diesen Trakt ein, wie aus folgenden Worten hervorgeht:

„Ich wünschte, dass diejenigen, welche dieser Meinung sind, d. h. für den Trakt auf dem linken Elbufer, beide Trakte selbst bereisen. Wie wenig sie auch vom Fache sein möchten, so erfordert es nur einen geringen Ueberblick, und was wir hier zu Lande gesunden Menschenverstand nennen, um zwischen den beiden Elbufern zu entscheiden; denn bis an diesen Fluss habe ich nur wenige Abänderungen der Lohrmann'schen Linie vorgeschlagen."

Dem Direktorium erschienen somit in technischer Beziehung die weiteren Schritte vorgezeichnet, welche nicht ohne schwere Kämpfe mit entgegenstehenden volkswirthschaftlichen und gewerblichen Nachtheilen sich abthun liessen; man betrachtete aber mit Grund die Nachtheile der rechtsuferigen Linie — Elbüberbrückung bei Riesa, Tunnel bei Oberau, Beiseitelassen der Lommatzscher Pflege, Endpunkt in Dresden-Neustadt anstatt Altstadt — als mehr denn aufgewogen durch die entlang 4 Meilen des Elbthales am linken Ufer zu erwartenden sehr kostspieligen Bahnkörperbauten, die Geringfügigkeit der Längenersparniss im Lohrmann'schen Trakte, durch die beim rechtsuferigen Trakte leichte Herstellbarkeit guter Verbindungen in Richtung auf Berlin und die Lausitz und endlich durch die Füglichkeit der Einbeziehung der Fabrikstadt Grossenhain und von Meissen mittels Zweigbahnen.

Bezüglich der Steigungen betonte Walker wiederholt ausdrücklich, dass Ersparnisse durch Wahl stärkerer Steigungen gleichbedeutend seien „mit Verschwendung künftiger Dividenden" auf „ewige Zeiten"; und Hauptmann Kunz pflichtete dieser Ansicht bei.

Vielfache Einsprüche gegen die Führung der Bahn über Riesa — statt über Meissen und Zehren — gipfelten in Petitionen an S. Majestät den König und S. Königl. Hoheit den Prinzen-Mitregenten, führten aber zu folgender höchster Entschliessung vom 25. April 1836:

„Da dem vom Direktorium vorgeschlagenen Bahntrakte solche Bedenken nicht entgegenstehen, welche die Verweigerung der erbetenen Genehmigung im Allgemeinen rechtfertigen würden, vielmehr bei der Wahl der Bahnlinie alle Rücksichten dergestalt genommen worden sind, dass eine vollständige Erreichung des Zweckes einer Eisenbahn von Leipzig nach Dresden mit Zuversicht erwartet werden kann; so haben S. Majestät und des Prinzen-Mitregenten Königliche Hoheit den gewählten Bahntrakt bei Riesa über die Elbe und von da weiter auf dem rechten Elbufer bis Dresden nunmehr definitiv genehmigt, jedoch so, dass der Staat hiermit keine Vertretung etwaiger, künftig hieraus erwachsender Schädenansprüche übernähme."

Hauptsächliche administrative Organisation.

Die zweite Generalversammlung am 15. Juni 1836 beschäftigte sich vorzugsweise mit der Berathung eines endgültigen Statutenentwurfs, beendete dieselbe, und es erfolgte hiernach die vom 20. März 1837 datirte landesherrliche Bestätigung mit geringen Abänderungen des Entwurfes. Kreisdirektor Dr. von Falkenstein führte in Gemässheit des landesherrlichen Dekretes vom 6. Mai 1835 die Geschäfte eines Königl. Kommissars und unterstützte wie sein Vorgänger durch Rath und That unter gleichzeitiger Wahrnehmung des öffentlichen Vortheiles das Unternehmen.

Das Direktorium hatte sich schon am 16. Juni 1835 als administrative Baubehörde konstituirt und als solche auch die Linie des Hauptmanns Kunz mit den von Walker angegebenen Aenderungen des Steigungsmaximums 1 : 100 in 1 : 200 und der Verschiebung des Elbüberganges von Strehla nach Gröba auf eigene Verantwortung gewählt.

Der ausführende Direktor erhielt 1500 Thlr., die übrigen vier Direktoren jeder 750 Thlr. „Ehrensold" auf Dauer der Bauzeit.

Während der Bauzeit, d. i. vom 15. Juni 1835 bis zum 9. April 1839, führten ohne Aenderung Gustav Harkort und Dr. Crusius den Vorsitz im Direktorium, wogegen die Mitglieder Richter, Sellier, Stadtrath Dr. Vollsack durch Konsul C. Hirzel-Lampe, C. W. Morgenstern und Advokat Wilhelm Einert ersetzt wurden.

Ein „Bevollmächtigter" war — neben dem Oberingenieur — als Organ des Direktoriums und oberster Beamter der Gesellschaft für Betriebsangelegenheiten angestellt, mit festem Gehalt und Gewinnantheil. Zu dieser Stellung hatte das Direktorium anfänglich den Kramermeister Tenner am 15. Juni 1835 gewählt, welcher aber am 20. Oktober 1837 austrat und im Frühjahre 1838 durch Friedrich Busse aus Braunschweig ersetzt wurde.

Ein Ausschuss von 30 Aktionären vertrat die Gesellschaft gegenüber dem Direktorium und hatte während der Bauzeit zu Vorsitzenden August Olearius und Friedrich Brockhaus.

Alljährlich spätestens drei Monate nach Ablauf des Rechnungs- und Kalenderjahres berieth eine Generalversammlung der Aktionäre über den Geschäftsbericht des Direktoriums, die Jahresrechnungen, die Wahl von zwei Dritteln der Ausschussmitglieder, sowie über Statutenänderungen und andere Anträge.

Ausser den bereits oben genannten Beamten fungirten für die Hauptverwaltung vor der Betriebseröffnung nur noch: der Geschäftsführer in Dresden Stefan Benedict Buchler, vormals Vorstand des Eisenbahnkomitees zu Chemnitz, dann der Buchhalter Heinecken, der Zahlmeister — spätere Hauptkassirer — Schneider, der Kassirer Nabrat und der Expeditionsbeamte C. A. Gessler.

## Die Grunderwerbung.

Der Vorsatz, schnellstens eine kurze Strecke von Leipzig aus fertig zu bauen, verlangte die grösste Beschleunigung des in der zu erwartenden Ausdehnung sowohl für die Königlichen Behörden als für die Organe der Gesellschaft völlig neuen Geschäftes der zwangsweisen Arealenteignung. Obwohl dasselbe durch das — sofort nach Bildung der Gesellschaft und Feststellung der Strecke bis Wurzen veröffentlichte — Gesetz vom 3. Juli 1835 und die zugehörige Ausführungsverordnung im Grunde geregelt war, so traten doch der Ausführung vielerlei Schwierigkeiten in den Weg, welche sogar zu einer Vorstellung bei der Regierung betreffs anderweiter Ausführung der gesetzlichen Bestimmungen führten. Empfindliche Schwierigkeiten verursachten namentlich die Erörterung und Feststellung der Abgabenrepartition, die ausgedehnte Zulässigkeit rechtlicher Einsprüche als Behinderung der Arealüberweisungen und die erheblichen Kosten des Verfahrens. Der Regierungskommissar, Kreisdirektor von Falkenstein, trug dem Königl. Ministerium des Innern die in den Monaten November und Dezember 1835 bei der Expropriation zwischen Leipzig und Wurzen gewonnenen Erfahrungen vor und wurden infolge dessen mehrfache Erleichterungen des Verfahrens gestattet; namentlich wurde die Suspensivkraft der Rechtsmittel gegen die Arealüberweisung beschränkt, indem die Rekurse künftig nicht im Administrativ-Justizwege, sondern im reinen Verwaltungswege zu behandeln sein sollten. Es wurde ferner die freie Vereinbarung wegen der Abgabenrepartition als zulässig erklärt, daneben dem Antrage auf Bestimmung eines Durchschnittsquantums dafür stattgegeben und zur Sicherstellung der Grundbesitzer, an welche die Auszahlung der ermittelten Entschädigungsgelder nur nach Ablauf einer Frist von 6 Wochen 3 Tagen von erfolgter Bekanntmachung an geschehen konnte, eine allgemeine Kaution von 20 000 ℛℳ — seitens des Direktoriums bei dem Stadtrath zu Leipzig niederzulegen — mit der Wirkung nachgelassen, dass die exproprirten Grundstücke der Kompagnie ohne vorgängige Erlegung der Entschädigungsquote — und unerwartet des Ablaufes der sächsischen Frist wie der wirklichen Zahlung — überwiesen werden konnten; ferner von der gesetzlich vorgeschriebenen Beobachtung der Reihenfolge der Ortschaften bei dem Expropriationsgeschäft dispensirt und endlich zur Erzielung gleichmässigen Verfahrens bei den Expeditionen der Strassenbaukommissionen dem Kreisdirektor von Falkenstein Kommissoriale auch ausserhalb des Leipziger Kreisdirektionsbezirkes ertheilt, sowie die Zuziehung des Kreisamtsaktuars Holdefreund, welcher mit den ersten Expeditionen beauftragt gewesen war, längs des ganzen Traktes der Bahn gestattet. Mit diesem war schon damals der spätere Bevollmächtigte der Kompagnie, Gessler, namentlich für die schwierigen und umfassenden Berechnungen thätig gewesen.

Das Enteignungsgeschäft begann Ende Oktober 1835, brachte aber nur erst im Januar 1836 das erste zwangsweise erworbene Land in Gerichshainer Flur für den Preis von 300 $\mathscr{R}_{\mathscr{g}}$ für den Acker in den Besitz der Kompagnie. Auch nach Erlass der obigen erleichternden Bestimmungen war das Geschäft noch schwierig wegen des natürlichen Misstrauens der Grundbesitzer gegenüber dem Vorhaben der „Leipziger Kaufleute" und der hieraus entspringenden ungerechtfertigten Ansprüche. (Ein Windmüller klagte über Windentziehung, ein anderer über Minderung des Verdienstes infolge der Landentziehung zur Bahnanlage, und ein Wassermüller, weil er durch einen Einschnitt künftig auch im Sommer Wasser erhalten werde u. a. m.)

Das Georgenvorwerk in Leipzig, erworben vorzugsweise zur Anlegung des Bahnhofes, ging am 25. Juni 1836 für den kommissarisch ermittelten Taxpreis von 39 541 $\mathscr{R}_{\mathscr{g}}$ 15 $\mathscr{gr}$. 6 $\mathscr{d}$. in das Eigenthum der Kompagnie über. Von der Flurgrenze Leipzigs bis an den Muldenbrückenbau von Wurzen fielen 1256 Trennstücke auf 42 217 Dresdener Ellen Streckenlänge für 44 435 $\mathscr{R}_{\mathscr{g}}$ in den Besitz der Kompagnie. Das übrige Areal der Strecke bis Wurzen und dasjenige für den Elbbrückenbau bei Riesa wurden ebenso im Jahre 1836 erworben; dagegen blieb die Strecke Wurzen-Dresden im Uebrigen rückständig, weil nur erst im April 1836 die landesherrliche Genehmigung des „generellen" Traktes einging, und die Genehmigung des Ministeriums des Innern zu den Detailplänen vor November 1836, bezw. März 1837, nicht zu beschaffen war. Nach Eingang dieser Genehmigungen begann die Enteignung von beiden Endpunkten, und es fungirten hierbei als Rechtsbeistände der Kompagnie Finanzprokurator Advokat Opitz und der Aktor der Kompagnie Advokat Dr. Gustav von Zahn.

Das Areal zu dem Bahnhofe in Dresden wurde in der Ausdehnung von 19$\frac{5}{12}$ Acker für 19 553 $\mathscr{R}_{\mathscr{g}}$ 8 $\mathscr{gr}$. freihändig erworben.

Am 14. Juni 1837 befand sich endlich das gesammte zum Bau in erster Linie nothwendige Areal, bestehend aus 500 Ackern in 3920 Parzellen mit 1207 Eigenthümern, im Besitze der Kompagnie. Im Ganzen besass dieselbe nach Baubeendigung etwa 700 Acker.

### Die Bauverwaltung.

Nachdem das Direktorium sich für die rechtsuferige „Kunz-Walker'sche" Linie und für die von der Königl. Kameral-Vermessungsanstalt und dem Chausseeinspektor Kögel gefertigten Vermessungs- und Voranschlagsarbeiten entschieden hatte, wurde der Königl. Wasserbaudirektor und Ingenieur Hauptmann Karl Theodor Kunz endgültig zum „bauleitenden Oberingenieur" gewählt und trat dieses Amt mit Genehmigung der Staatsbehörde am 1. November 1835 an; mit ihm traten die Ingenieure Hermann Köhler, Eduard Dietz und der seitherige Wasserbaukonducteur C. F. Sergel ein, der bisher vorzugsweise die Nivellements der Linie über Strehla unter Leitung von Kunz besorgt hatte.

Die Baustrecke erhielt folgende Eintheilung:

1. Abtheilung: Leipzig bis Wurzen (rechtes Mühlgrabenufer) a. d. Mulde = 42 922 Ellen, mit den Werkplätzen: Leipzig und Machern.
2. Abtheilung: Wurzen bis Oschatz (Merkwitz-Oschatzer Flurgrenze) . = 48 000 „ Werkplätze: Wurzen und Radegast und Cölmesmühle.
3. Abtheilung: Oschatz bis Langenberg (Grödeler Flosskanal) . . . . . = 35 580 „ Werkplätze: Zschöllau, Bornitz, Riesa, (Röderau).
4. Abtheilung: Langenberg bis Oberau (westliches Tunnelende) . . . . = 35 972 „ Werkplätze: Grödeler Kanal, Lockwitz, Pristewitz und Jessen.
5. Abtheilung: Oberau bis Dresden = 39 600 + 724 „ Werkplätze: Oberau, Coswig, Trachau und Dresden.

Gesammtlänge: 202 798 Dresdener Ellen = 12,68 sächs. Postmeilen zu 16 000 Ellen = 15,5 geogr. Meilen zu 13 092 Dresdener Ellen.

Jede Abtheilung zerfiel wieder in zwei Sektionen. Ausserdem wurden für die Werkplätze je ein Oberaufseher und mehrere Unteraufseher angestellt.

Der Oberingenieur nahm während der Hauptbauzeit seinen Wohnsitz in Oschatz, d. i. nahezu in der Mitte der Bahn, um überall so schnell wie möglich zur Stelle gelangen zu können.

### Der endgültige Baukostenanschlag und die Geldbeschaffung.

Auf Grund der Detailvermessung der Strecke Wurzen-Dresden ging der Hauptkostenanschlag des bauleitenden Oberingenieurs, datirt vom 29. Mai 1837, bei dem Direktorium ein; er überstieg das ursprünglich veranschlagte Baukapital von 2 Millionen um nahezu 2,5 Millionen Thaler. Die beiden ersten Eisenbahn-Uebersichts-Voranschläge Sachsens mögen in nachstehender getreuer Darstellung wiedergegeben werden, wie folgt. (Siehe Erster Hauptkostenanschlag [nach dem Berichte des Komitees vom 10. Mai 1835] und Zweiter Hauptkostenanschlag [vom 29. Mai 1837].)

Die Durchführung des Steigungsmaximums 1 : 200 anstatt 1 : 100, die Wahl erheblich stärkeren Oberbaues und die Mehrkosten der Grundeinlösung hatten hauptsächlich den Mehrbedarf veranlasst.

Die Gründe für die Erhöhung des ursprünglich zu 2 Millionen Thaler festgesetzten Aktienkapitals auf 4,5 Millionen Thaler wurden statutengemäss sowohl dem Ausschusse der Gesellschaft als auch dem Ministerium des Innern vorgetragen und führten nothwendigerweise zur Genehmigungsertheilung.

Nach heftigem Wortgefecht beschloss darnach die dritte Generalversammlung der Aktionäre am 15. Juni 1837 die Erhöhung des Gesellschaftskapitales auf 4 500 000 ℳ. — Nunmehr nahm das Verhältniss der Gesellschaft zu dem intellektuellen Urheber der Bahn,

(Erster Hauptkostenanschlag vom 10. Mai 1835.)

## Uebersicht der Anlagekosten der Leipzig-Dresdener Eisenbahn über Wurzen, Dahlen und Strehla nach Dresden.

(In der ursprünglichen Fassung.)

| Rubriken | 1. von Leipzig bis zur Mulde. | | | 2. Ueberbrückung d. Mulde u. d. Muldenthales. | | | 3. von der Mulde nach der Elbe. | | | 4. Ueberbrückung der Elbe. | | | 5. von der Elbe bis Dresden. | | | 6. Allen Stationen gemeinschaftl. | | | Totalsumme. | | |
|---|---|---|---|---|---|---|---|---|---|---|---|---|---|---|---|---|---|---|---|---|---|
| | ℛ. | gr. | δ. | ℛ. | gr. | δ. | ℛ. | gr. | δ. | ℛ. | gr. | δ. | ℛ. | gr. | δ. | ℛ. | gr. | δ. | ℛ. | gr. | δ. |
| I. Unterbau (nach Herrn Chaussee-Bauinspektor Kögel). | | | | | | | | | | | | | | | | | | | | | |
| 1. Maurer- und Erdarbeiten . . . . | 22 858 | 18 | — | . | . | . | 74 991 | 1 | 9 | . | . | . | 104 237 | 6 | 9 | . | . | . | 202 087 | 2 | 6 |
| 2. Verkleidungen und Lehnen . . . | . | . | . | . | . | . | . | . | . | . | . | . | 12 746 | 4 | — | . | . | . | 12 746 | 4 | — |
| 3. Bauführung und unvorhergesehene Ausgaben. . . . . . . . . | . | . | . | . | . | . | . | . | . | . | . | . | . | . | . | 24 000 | — | — | 24 000 | — | — |
| 4. Ueberbrückungen: | | | | | | | | | | | | | | | | | | | | | |
| a. 15 kleinere massive Brücken . | 6 290 | — | — | | | | | | | | | | | | | | | | | | |
| b. die Muldenbrücke, massiv . . . | | | | 55 000 | — | — | | | | | | | | | | | | | | | |
| c. die Landbrücke im Muldenthale, massiv . . . . . . . . . | | | | 31 500 | — | — | | | | | | | | | | | | | | | |
| d. 7 kleinere massive Brücken . . | | | | | | | 5 465 | — | — | | | | | | | | | | | | |
| e. die Elbbrücke[1] . . . . . . . | | | | | | | | | | 300 000 | — | — | | | | | | | 435 295 | | |
| f. 2 Fluthbrücken hinter Lorenzkirchen[1] . . . . . . . . | | | | | | | | | | | | | 28 000 | — | — | | | | | | |
| g. 15 massive kleinere Brücken und Durchlässe . . . . . . . | | | | | | | | | | | | | 4 880 | — | — | | | | | | |
| h. 260 einfache Deckschleusen, im Ganzen . . . . . . . . . | . | | | | | | | | | | | | | | | 4 160 | — | — | | | |
| Totalsumme des Unterbaues . | 29 148 | 18 | — | 86 500 | — | — | 80 456 | 1 | 9 | 300 000 | — | — | 149 863 | 10 | 9 | 28 160 | — | — | 674 128 | 6 | 6 |
| Zuschlag für vielleicht nöthige Abänderungen u. Verbesserungen . . | . | . | . | . | . | . | . | . | . | . | . | . | . | . | . | . | . | . | 150 000 | — | — |
| II. Grundentschädigungen (nach den bei dem Meissener Trakt angenommenen Sätzen) | 26 120 | — | — | | | | 46 600 | — | — | | | | 58 970 | — | — | | | | 131 690 | — | — |
| III. Oberbau: 26 024⁷/₁₆ Ruthen à 18 ℛ. 18 gr. 8¹⁰⁶/₂₅₀ δ. oder 37 558 ℛ. 12 δ. pro Meile (nach d. 4. Berichte des Komitees) . . . . . . . . | 96 626 | 8 | — | 1 624 | 9 | — | 164 692 | 21 | — | 1 877 | 22 | — | 223 897 | 22 | — | . | . | . | 488 719 | 10 | — |
| | | | | | | | | | | | | | | | | | | | 1 444 537 | 16 | 6 |
| IV. Gebäude und Maschinen . . . | . | . | . | . | . | . | . | . | . | . | . | . | . | . | . | . | . | . | 200 000 | — | — |
| | | | | | | | | | | | | | | | | | | | 1 644 537 | 16 | 6 |
| 10% Zuschlag für unvorhergesehene Fälle | . | . | . | . | . | . | . | . | . | . | . | . | . | . | . | . | . | . | 164 453 | 18 | 5 |
| | | | | | | | | | | | | | | | | | | | 1 808 991 | 10 | 11 |

1) Nach Herrn Landbaumeister Königsdörfer würden diese drei Brücken 10³/₄ Ellen breit 209 351 ℛ. 14 gr. 10 δ.; 14 Ellen breit 220 852 ℛ. und 16 Ellen breit 280 000 ℛ. zu stehen kommen.

NB. Um Selbsttäuschungen so viel als möglich vorzubeugen, ist in beiden Anschlägen überall, wo verschiedene Ansichten obwalteten, die höchste Taxation angenommen worden.

(Zweiter Hauptkostenanschlag vom 29. Mai 1837.)

## Uebersicht der Kosten zur Herstellung der Eisenbahn von Leipzig bis Dresden, 13 sächs. Postmeilen oder 73¼ engl. Meilen lang.

### (In der ursprünglichen Fassung.)

Der Unterbau ist auf doppeltes Geleis eingerichtet; der veranschlagte Oberbau bezieht sich aber nur auf ein einfaches Geleis mit ein Zehntheil der Länge für die Ausweichungen gerechnet.

2 188 392 ℛ℔ 12 𝑔𝑟. 9 𝔡. Unterbau mit den Kunstarbeiten, als:

| | | | |
|---|---|---|---|
| 300 000 ℛ℔ | — 𝑔𝑟. — 𝔡. | I. Abtheilung | (Leipzig-Wurzen), |
| 163 311 „ | 21 „ — „ | II. „ | (Wurzen-Oschatz), |
| 333 601 „ | 23 „ 9 „ | III. „ | (Oschatz-Riesa), |
| 360 016 „ | 16 „ — „ | IV. „ | (Riesa-Oberau), |
| 300 000 „ | — „ — „ | . . . . . Tunnel, | |
| 187 462 „ | — „ — „ | V. Abtheilung (Oberau-Dresden), | |
| 125 000 „ | — „ — „ | Muldenbrücke bei Wurzen, | |
| 267 000 „ | — „ — „ | Elbbrücke bei Riesa, | |
| 80 000 „ | — „ — „ | Viadukt bei Röderau, | |
| 72 000 „ | — „ — „ | Erhöhung der Elbdämme oberhalb Riesa. | |

uts.

1 052 577 ℛ℔ 16 𝑔𝑟. 4 𝔡. Oberbau,

345 000 „ — „ — „ Gebäude, als:

100 000 ℛ℔ Bahnhof Leipzig und zwar

     14 000 ℛ℔ Personenschuppen,
     12 000 „ Maschinenhaus,
     10 000 „ Wagenbauanstalt,
     12 000 „ Speicher,
     30 000 „ Hauptgebäude,
     7 000 „ Nebengebäude u. Umfassungsmauern,
     8 000 „ Schleusensystem.

80 000 ℛ℔ Bahnhof Dresden,
70 000 „ „ Riesa,
15 000 „ „ Wurzen,
15 000 „ „ Oschatz,
15 000 „ „ Oberau,
50 000 „ für Wächterwohnungen, Schilderhäuser, Wegübergänge, Barrièren etc.

uts.

540 000 ℛ℔ Maschinen, als:

     240 000 ℛ℔ für 20 Lokomotiven à 12 000 ℛ℔,
     40 000 „ „ 25 Wagen 1. Klasse à 1600 ℛ℔,
     78 000 „ „ 60 „ 2. „ à 1300 „
     54 000 „ „ 60 „ 3. „ à 900 „
     50 000 „ „ 200 Transportwagen à 250 ℛ℔,
     50 000 „ „ Drehscheiben, Exzentriks, Ausrüstungsstücke etc. etc.,
     28 000 „ „ Maschinen u. Werkzeuge etc. in d. Ateliers.

uts.

60 000 ℛ℔ — 𝑔𝑟. — 𝔡. Ingenieur- und Bureaukosten in technischer Beziehung, Instrumente und Reiseaufwand auf drei Jahre,
200 000 „ — „ — „ Expropriation, approximat. Schätzung.

4 385 970 ℛ℔ 5 𝑔𝑟. 1 𝔡. Summe.

Mit Weglassung der Posten: Gebäude und Maschinen kommt nach dieser Berechnung die laufende Meile

280 000 ℛ℔,

wonach der Aufwand für die Seitenbahnen annäherungsweise berechnet werden kann.

Oschatz, den 29. Mai 1837.

Der Oberingenieur.
(gez.) C. H. Kunz.
Hptm. und W. B. D.

Friedrich List, ohne Verschulden der damaligen Gesellschaftsorgane, wohl aber als Folge des damaligen Zeitgeistes und vielleicht auch der weit über Sachsens Grenzen hinaus eilenden Pläne List's recht unfreundliche Gestalt an, so dass nach zweimaliger Zahlung von Abfindungssummen die völlige Verzichtleistung auf List's weitere Dienste nicht aufzuhalten war. Bei aller Anerkennung der Verdienste List's muss hier nochmals betont werden, dass zu den sächsischen und deutschen Verkehrszuständen die Anwendung von Bahnbauten nach amerikanischen Vorbildern schon nicht mehr gepasst und die gute Sache durch ungeeignete Ausführungsweise vielleicht in der öffentlichen Meinung Schaden erlitten hätte, wäre man blindlings den Plänen List's gefolgt.

Die anderweitige Geldbeschaffung fand zufolge Bekanntmachung des Direktoriums vom 20. Juni 1837 wie folgt auf zweierlei Weise statt:

„Nach beendigter 8. Einzahlung werden, wenn eine neue Einzahlung erforderlich ist, 45 000 Stück neue Interimsscheine ausgegeben; die Inhaber der 15 000 älteren Interimsscheine werden aufgefordert, eine abermalige Einzahlung von 10 ℛ℔ pro Aktie zu leisten und denselben die neu kreirten 30 000 Stück Scheine unter der Bedingung al pari angeboten, dass ihnen für jeden eingelieferten alten Schein 3 neue Scheine mit 30 ℛ℔ Einzahlung ausgehändigt werden sollen. Diejenigen alten Interimsscheine, auf welchen zwar der Einschuss von 10 ℛ℔ geleistet wurde, deren Besitzer aber auf die Annahme der neuen Scheine freiwillig verzichteten, sollen in vollkommener Gültigkeit bleiben; es werden aber für jeden solchen alten Schein 2 neue über 30 ℛ℔ Einzahlung kreirt und verkauft. Auf die alten Interimsscheine wären dann so lange keine Einzahlungen weiter einzufordern, als nicht auf die neuen ebenfalls 90 ℛ℔ eingezahlt wären.“

Der Erfolg rechtfertigte durch grosses Vertrauen der Aktionäre glänzend die Maassnahmen des Direktoriums; nur drei Aktionäre betraten den zweiten Weg des Vorschlages, darunter der Rath der Stadt Leipzig; und fortdauernd erhielt sich der Kurs um 20 bis 30 Proc. über pari. Das Baukapital bestand schliesslich aus 4 500 000 ℛ℔ in Aktien und 500 000 ℛ℔ in Kassenscheinen.

Dem Andrängen vieler Aktionäre auf Zahlung von Bauzinsen wurde in der vierten Generalversammlung am 10. April 1838 mit regierungsseitiger Genehmigung stattgegeben, und sind vom 1. Juni 1838 ab thatsächlich Bauzinsen im Gesammtbetrage von 144 291 ℛ℔ 6 𝑔𝑟. bezahlt worden, welche der Jahresrechnung von 1841 als verausgabtes Baukapital nachträglich beigefügt wurden.

### Bahnbeschreibung und Bauübersicht.

Von der Ostseite Leipzigs ausgehend, schneidet die Bahn durch die Ortsfluren:

Volkmarsdorf — Neuschönefeld entstand erst nach Anlegung der Bahn —, Sellerhausen, Paunsdorf, Sommerfeld, Borsdorf, Gerichshain, Posthausen, Machern, Altenbach, Bennewitz, Wurzen, Roitzsch, Kühren, Radegast, Grossböhla, Merkwitz, Zschöllau (Oschatz), Mannschatz, Schmorkau, Bornitz, Wadewitz, Kanitz, Merzdorf, Gröba (Riesa), Röderau, Zeithain, Langenberg, Zschaiten, Medessen, Pristewitz, Baslitz, Jessen, Oberau, Niederau, Weinböhla, Coswig, Zitzschewig, Naundorf, Kötzschenbroda, Radebeul, Trachau, Pieschen, Neudorf und mündet in Neustadt-Dresden aus.

Von Leipzig aus bis Riesa hält die Bahn nahezu östliche Hauptrichtung ein, übersteigt vor dem Tiefpunkte im Muldenthale westlich von Wurzen die Höhe bei Machern, erreicht sodann östlich von Wurzen steigend die Höhe von Dornreichenbach und hierauf allmälig fallend das Döllnitzthal bei Zschöllau und Oschatz und das Elbthal bei Riesa. Nach Einbiegung aus der östlichen in die südöstliche Hauptrichtung und nach Ueberschneidung des Grödeler Flosskanales bei Langenberg beginnt abermals andauerndes Steigen mit einiger Unterbrechung bis zum Tunnel im Höhenrücken bei Oberau, von wo ab allmäliges Senken gegen Coswig und Annäherung an den Elblauf bis Dresden-Neustadt eintritt.

Der äusserst schlanken Entwickelung der Horizontalprojektion, welche ausser einem unvermeidlichen Bogen von 700 Ellen Halbmesser, dicht bei Bahnhof Leipzig, in freier Bahn nur den Minimalhalbmesser 2000 Ellen aufweist, schliesst sich ein zwar flachgestrecktes, aber immerhin mehrfach gehobenes Längenprofil an. Dasselbe ist in der ursprünglichen Gestaltung aufgezeichnet und beigefügt (Tafel V).

Eine Skizze der Baugeschichte schliesse gegenwärtigen Abschnitt.

1835. Herbst. Beginn des Baues der Muldenbrücke bei Wurzen.
1835. 13. Oktober. Eintreffen des englischen Ingenieurs James Walker zur Begutachtung der konkurrirenden Projektlinien über Meissen und Strehla.
1835. 1. November. Dienstantritt des Oberingenieurs Carl Theodor Kunz.
1836. 1. März. Beginn der Erdarbeiten, und zwar bei Machern.
  „    „     Beginn des Baues der Elbbrücke bei Riesa.
1836. 25. Juni. Beginn des Bahnhofsbaues in Leipzig mit Uebernahme des Georgenvorwerkes.
1836. November. Eintreffen der ersten Lokomotive „Komet" aus England.
1837. 28. März. Erste Probefahrt mit der Lokomotive „Komet" behufs nachfolgender Benutzung zu Erdtransporten bei Machern vom 3. April 1837 ab.
1837. 11. April. Ankunft der Lokomotive „Blitz".
1837. 24. April. Erste Eröffnungsfahrt von Leipzig bis Althen mit Lokomotive „Blitz" (16 200 Ellen), Vormittags 9 Uhr.
1837. 29. Mai. Eintreffen des endgültigen Gesammt-Voranschlages.
1837. 31. Dezember. Der Jahresbericht lautet auf 154 000 Ellen fertige Planie.

1838. 19. Juli. Eröffnung der Fahrten auf der Strecke Dresden-Weintraube.
1838. 31. Juli. Eröffnung der Fahrten auf der Strecke Althen-Wurzen.
1838. 16. September. Eröffnung der Fahrten auf den Strecken Dresden-Oberau und Wurzen-Luppa-Dahlen.
1838. 3. November. Eröffnung der Fahrten auf der Strecke Luppa-Dahlen-Oschatz.
1838. 21. November. Eröffnung der Fahrten auf der Strecke Oschatz-Riesa.
1839. 7. April. Feierliche Eröffnung der ganzen Linie Leipzig-Dresden.
1839. 9. April. Eröffnung des öffentlichen Personen- und Güterverkehrs auf der ganzen Linie.

Nachdem die vom Hauptmann Kunz in Vorschlag gebrachte Linie im wesentlichen gewählt worden, war es sehr natürlich, dass auch auf ihn die definitive Wahl zum leitenden Oberingenieur fiel, um so mehr, als man in ihm einen tüchtigen, praktisch und theoretisch gebildeten Ingenieur von grosser Energie bereits kennen gelernt hatte. Am 1. November 1835 übernahm derselbe offiziell die technische Leitung des Baues.

## Erdarbeiten.

### Bauübersicht für die fünf Abtheilungen.

Die Querprofile des zweigeleisigen Bahnkörpers pflegten folgendermaassen angelegt zu werden:

Planiebreite = 12 sächs. Ellen bei 6 Ellen = 3,4$^m$ Abstand der zwei Geleismitten unter sich.

Grabentiefe = 1 sächs. Elle, mindestens unter der halben Schwellenhöhe.

Grabensohlenbreite = 1 sächs. Elle.

Böschungsverhältniss $1 : 1\frac{1}{2}$ bis $1 : 1\frac{1}{4}$ als Regel. Weder Damm- noch Einschnittsböschungen erhielten Absätze (Bärmen). (Fig. 1 und 2, Tafel VI.)

Der Bahnkörper bestand aus:

27 049 Ellen Bahnlinie in Terraingleiche,
116 207   „   Damm von 1 bis 19,2 Ellen Höhe,
56 369   „   Einschnitt von 1 bis 28,1 Ellen Tiefe,
3 173   „   offene Brücken,

Sa. 202 798 Ellen = 15,5 geographische Meilen (zu 13 092 Dr. Ellen).

Da das Terrain von Leipzig ab bis zur Pardaubrücke bei Borsdorf, welches mit 17 456 Ellen Baulänge die erste Bausektion bildete, keine Schwierigkeiten bot, so fand sich ein sachverständiger Unternehmer, welcher die Hauptarbeit, die Massenbewegung, für eine Pauschalsumme übernahm.

Für die Ausgleichung des Terrains auf dem Bahnhofe in Leipzig allein lagen folgende geplante Verhältnisse vor:

41 379 Kubikellen Abtrag,

157 708 „ Auftrag, folglich

116 329 „ = 1817³/₅ Schachtruthen zu 64 Kubikellen, ausserhalb des Bahnhofes durch 1½ Elle tiefe Abgrabung des angekauften Dr. Ranft'schen Grundstückes zu entnehmen und auf Wagen herbeizuführen, wofür im Ganzen

41 379 Kubikellen Abtrag à 11 ₰. = 1580 ℛ℘ 10 ℊ𝓇: 9 ₰. und 1817³/₅ Schachtruthen Auftrag à 3¼ ℛ℘ = 5907 ℛ℘ 4 ℊ𝓇: 9 ₰., d. i. in runder Zahl 7500 ℛ℘ bezahlt wurde.

Der Rest der ersten Sektion bis Borsdorf enthielt nichts Bedeutendes, und es wurden die im April 1836 begonnenen Erdarbeiten im selbigen Jahre zu Ende geführt, ohne dass es anderer als der bisher bei gewöhnlichen Erdarbeiten benutzten Baugeräthe an Schubkarren, Fahrdielen, Schaufeln, Hacken und gewöhnlichem Pferdefuhrwerke bedurft hätte, um rechtzeitig die gewünschten Leistungen zu erzielen.

Erheblich schwieriger war der Bau auf der zweiten Bausektion der 1. Abtheilung. Hier lagen die sehr bedeutenden Einschnitte bei Machern und Bennewitz, 5700 Ellen lang, und die Dämme bei Gerichshain und bei Altenbach-Bennewitz mit 13 500 Ellen Länge.

Dem Wunsche der Kompagnie, so schnell wie möglich von Leipzig aus eine kurze Bahnstrecke fertig zu stellen, ward mit dem Beginne der Erdarbeiten am 1. März 1836 Folge gegeben.

Dieser vorsätzlichen Beschleunigung der Arbeiten von Leipzig aus lagen namentlich folgende Erwägungen zu Grunde:

1) Dem am Aktienkapitale betheiligten, naturgemäss nicht immer geduldigen Laien sollte so schnell wie möglich ein Erfolg gezeigt werden, der nebenher auch die Presse beschäftigen konnte.

2) Es mussten Erfahrungen in den Bauweisen für Unter- und Oberbau gesammelt werden.

3) Man musste einen Beamten- und Arbeiterstamm gründlich und rasch anlernen, sowohl für Bau als Betrieb, um sich vom Auslande, d. h. im vorliegenden Falle von England, unabhängig zu stellen. Der Vorsitzende des Direktoriums, Gustav Harkort, und der Oberingenieur Theodor Kunz haben in dieser Hinsicht Bewundernswerthes geleistet.

Sehr gern würde man auch die grossen Arbeiten bei Machern im Ganzen verdungen haben, namentlich um der Anschaffung des Baugeräthes sammt Pferden überhoben zu sein, aber zu der damals „kolossal" erscheinenden Arbeit fand sich kein Unternehmer und so blieb der Kompagnie nur der Weg des sogenannten Regiebaues (Eigenbaues) übrig, mit Einzelverdingung an Arbeiter-

gruppen und in Verbindung mit Einzelleistungen im Tagelohn.

Anfänglich dienten auch bei Machern und Gerichshain nur Handkarren und Kippkarren, auf hölzernen Dielen durch Menschenhand bewegt, zur Fortschaffung der aus Lehm, Thon, Braunkohlenformations-Schichten bestehenden, mehrfach durch Quellwasserzudrang erweichten Massen. Später ging man zu einspännigen Pferdekarren (Fig. 3, Taf. VI) über, dann zur Holzbahn mit grösseren Erdtransportwagen (Fig. 4), bis man endlich nach Ankunft der ersten Lokomotive „Komet" im Stande war, vom 3. April 1837 ab, auf sogenannter Holzbahn, welche auf „normalspurigen" Hülfsgeleisen — aus kiefernen Langsehwellen mit untergelegten Querschwellen und aufgelegten Flachschienen von etwa 2½ Zoll Breite, ³/₈ Zoll Stärke — gelegt war, geeignete „Erdtransportwagen" durch Dampfkraft ziehen zu lassen; und als nach höchster Ausnutzung auf quelligem, thonigem, braunkohlenmoorigem Einschnittsgrunde, nicht minder auch auf junger Dammschüttung, der „Komet" oft dienstuntüchtig wurde, trat Anfangs des Jahres 1838 die Maschine „Windsbraut" an seine Stelle.

Die Wagen hatten schmiedeeiserne Achsen, gusseiserne Räder, wogen 20 Zentner, fassten 64 Kubikfuss geladenen = 48 Kubikfuss „gewachsenen" Boden, und es betrugen die Betriebskosten für die Lokomotive täglich einschliesslich aller Besoldungen und Reparaturen 36 ℛ℘, bei einer grössten Tagesleistung von 600 Wagen = rund 30 000 Kubikfuss Bodengewinnung.

In den 19 Arbeitstagen des Monats April 1837, d. i. unmittelbar nach Einstellung der Lokomotive „Komet", stellte sich die Leistung bei zehnstündiger Arbeitsdauer im Ganzen auf 183 Züge bei 11 000 Fuss Fahrtlänge und auf 5305 Wagenladungen mit zusammen 339 500 Kubikfuss geladenem Boden. Durch grösstmögliche Verlängerung der täglichen Arbeitszeit — anfänglich von Morgens 3 Uhr bis Abends 9 Uhr im Sommer —, durch Akkordlohneinführung, sowie durch Hinzunahme geeigneter Seitenentnahmen, ist für die Beschleunigung der Dammschüttungen, und durch Seitenablagerungen ebenso in thatkräftigster und umsichtigster Weise für Beschleunigung der Einschnittsherstellung gesorgt worden. Sogar regelmässige Tag- und Nachtschichtenarbeit richtete der Oberingenieur beim Lokomotiv-Erdtransporte im Sommer 1837 ein. Neben demselben standen im Machern'schen Einschnitte und bei Zweenfurth noch über 600 Mann mit Handkarren und Pferdekarren in Bewegung, um einerseits Einschnittsmassen abzulagern, andererseits Dammschüttungsboden seitlich abzugraben und herbeizuführen, für welche Zwecke Arealien nachträglich erworben worden waren.

2*

Das waren Leistungen, welche heute noch bemerkenswerth genannt werden können.

Die Gewinnungsschwierigkeiten wuchsen mit der Tiefe des Einschnittes; zu den thonigen Schichten gesellten sich schwache wechselnde Lager weissen und gelben Sandes und stetiger Wasserzudrang. Nicht minder unerquicklich war der Transport der „aufgelösten" Massen bis zur neuen Lagerstätte. Dennoch wurde Mitte Mai 1838 der Einschnitt für ein Geleis fertig gestellt.

Das Gesammtergebniss der Arbeiten auf der 2. Sektion der I. Abtheilung stellte sich auf 24570 Ellen Bahnplanie mit 4356403 Kubikellen bewegter Massen.

Die Arbeiten der zweiten Abtheilung waren nur bezüglich des Merkwitzer Einschnittes von Bedeutung, wo ebenfalls im Sommer und Herbst 1838 Nachtschichten eingelegt werden mussten, um für den darauf folgenden Winter die Oberbaulegung zu erzwingen. Hülfsbahnen mit Pferdebetrieb, aus neuen Schienen gefertigt, waren hier in Benutzung.

Die dritte Abtheilung, Zschöllau bis Grödeler Kanal, enthielt wenig bedeutende Erdarbeiten, in sandigem Boden leicht ausführbar.

Auf der vierten Abtheilung, Grödeler Kanal bis Tunnelwestende bei Oberau, wurden nach der infolge der Grunderwerbung verspäteten Inangriffnahme noch zahlreiche Nachexpropriationen und starke Arbeitsanstrengungen nöthig, um die rechtzeitige Bewältigung beträchtlicher Massenbewegungen, namentlich im Tunnelvoreinschnitte, bis zum Winter 1838/39 herbeizuführen.

Auf der fünften Abtheilung bis Dresden begegnete die Erdarbeitsleistung keiner Schwierigkeit.

Bemerkungen über die Bauausführung.

Wie bereits angedeutet, pflegten nahezu sämmtliche Erdbaustrecken mittels Verdingung an Arbeitergruppen unter Schachtmeistern ausgeführt zu werden; für die wenigen im Ganzen an Unternehmer verdungenen Strecken traten Bedingungen in Kraft, deren sachgemässe Fassung seitens des Oberingenieurs und des Direktoriums im Wesentlichen für spätere Bauten maassgebend gewesen ist.

Für die „Regiebauten" galt nachstehendes Verfahren:

Die Arbeiter traten unter sich in der Regel nach Landsmannschaften zu Trupps zusammen und nahmen unter Leitung eines von ihnen selbst gewählten Vormannes grössere oder kleinere Arbeiten in Akkord; sie erhoben durch Abgeordnete den verdienten Betrag oder auch Abschlagszahlungen und theilten den Verdienst unter sich. Zur Kontrole der Lohnberechnung dienten Listen wie nachstehend skizzirte, die ein Beamter der Kompagnie, Unteraufseher (Untersteiger), führen musste.

| No. des Gedinges | Name des Unteraufsehers | Name des Vormannes des Gedinges | Anzahl der Mannschaften | Tage der Arbeit | Kubikinhalt des Gedinges | Bodenart | Transportweite | Preis pro Kubikelle | | Preis des Gedinges | | | Hierauf abschläglich bezahlt | | | | Quittung des Empfängers | Die volle Zahlung erfolgte | | | | | Quittung des Empfängers |
|---|---|---|---|---|---|---|---|---|---|---|---|---|---|---|---|---|---|---|---|---|---|---|---|
| | | | | | Kubikellen | Kubikellen | Ellen | *gr.* | *δ.* | *Rℓ.* | *gr.* | *δ.* | am | *Rℓ.* | *gr.* | *δ.* | | am | mit | *Rℓ.* | *gr.* | *δ.* | |
| | | | | | | | | | | | | | | | | | | | | | | | |

Das gewöhnliche Tagelohn betrug in der Regel 6 bis 8, das Akkordlohn 8 bis 14 *gr.* (24 auf einen Thaler preuss. Courant).

Das Baugeräthe der Kompagnie überwachte unter den Ingenieuren der Oberaufseher in erster, der Unteraufseher in zweiter Stelle, und es erwuchs den Beamten der Kompagnie aus der Beschaffung, Instandhaltung, Bewachung und Kontrole des grossen Inventars sammt Zubehör an Schmieden und Stellmachereien keine geringe Last, so dass sich die Ueberzeugung Bahn brach, es sei zum Zwecke eines raschen und wenig schwerfälligen Baubetriebes nothwendig, die groben Arbeiten für Herstellung des Bahnkörpers, wenn irgend thunlich, an bemittelte und leistungsfähige Unternehmer in nicht zu grossen Abschnitten zu verdingen, was jedoch nur in ganz vereinzelten Fällen möglich gewesen ist.

Die Höhe der Herstellungspreise im Akkord möge durch nachfolgende auszugsweise Zusammenstellung vorgeführt werden, unter Zugrundelegung des damals niedrigsten Tagelohnes von 6 *gr.*

*a.* Boden aufzunehmen, bis auf 8 Ellen Weite zu werfen, oder auf Karren zu laden, einschliesslich Planiren:

| | | | |
|---|---|---|---|
| 1 Schachtruthe (64 Kubikellen) Lehmboden, festen Sand oder Kies | . . . . . . | 12 *gr.* — *δ.* | |
| 1 dgl. | festen Thon oder Lehm, mit Sand und Kies . . . . . . . | 18 „ — „ | |
| 1 dgl. | weichen Thon oder Lehm, mit Spitzhacke zu gewinnen . . . | 24 „ — „ | |
| 1 dgl. | kleinbrüchiger Schiefer, verwachsen, oder festes Gestein mit Brechstange zu gewinnen . . . | 46—78 „ — „ | |

1 Schachtruthe Felsenmasse, mit Pulver zu sprengen, einschliesslich desselben  56—86 *gr.* — *δ.*

b. die sub *a* aufgeladene Masse fortzuschaffen:
  aa. mit Schubkarren
   auf 10 bis 60 Ellen Entfernung . . . . 4 *gr.* — *δ.*
   „ 300 Ellen Entfernung . . . . . . 20 „ — „
   „ 480 „ „ . . . . . 32 „ — „
   Zuschlag auf 6 Ellen Steigung . . . . 5 „ 4 „
   Zuschlag für Verladen auf Pferdefuhrwerk 5 „ 4 „
   Zuschlag für Verladen auf Erdtransportwagen (einschl. zugehörigen Schubkarrentransports) . . . . . . . . . . . 16 „ — „
  bb. mit zweirädrigen, zweimännischen Kippkarren auf der Ebene
   auf 180 Ellen Entfernung . . . . . 5 „ 8 „
   „ 480 „ „ . . . . . 14 „ 10 „
   „ 780 „ „ . . . . . 26 „ — „
  cc. mit Pferd und Wagen oder auf Hülfsbahnen auf der Ebene
   auf 530 Ellen Entfernung 21 *gr.* 6 *δ.* bzw. 5 „ 4 „
   „ 1625 „ „ 38 „ 6 „ „ 9 „ 4 „
   „ 5500 „ „ 108 „ — „ „ 27 „ — „

Zur Zeit der stärksten Bauthätigkeit bei Erdarbeiten, d. i. im September 1837, befanden sich auf der ganzen Linie im Baubetriebe:

220 Stück vierrädrige Erdtransportwagen auf Hülfsbahnen von 4' 8½" (engl.) Spurweite;

285 Stück zweirädrige Kippkarren auf Fahrdielenwegen;

4150 Stück Handkarren.

Mit Hülfe dieses Inventars und der zugehörigen aussergewöhnlichen Transportkräfte, bestehend aus einer Lokomotive und einer Anzahl von Pferden, erzielten beispielsweise rund 5500 Mann eine monatliche Gesammtleistung von 1644000 Kubikellen bewegter Masse.

Nach Ablauf des nassen Winters 1837 zu 1838 stieg die Leistung im April 1838 nochmals auf 1350000 Kubikellen mit einer Arbeiterschaft von 7783 Mann, einschliesslich der Gewerkenarbeiter und Oberbauleger.

An Chaussee- und Wege-Bauten waren auszuführen:

I. Abtheilung, 1. Sektion. Die stark befahrene Chausseekreuzung Leipzig-Taucha, in Bahnhöhe bei Sellerhausen, wurde mittels Pfahlrostes, Schwellwerk und Pflasterfüllung befestigt; die Kreuzung der Chaussee nach Wurzen in der Nähe desselben Dorfes erhielt im Sommer 1839 nothgedrungenerweise eine ähnliche Befestigung.

I. Abtheilung, 2. Sektion. Um eine zweimalige Durchschneidung der Leipzig-Dresdener Chaussee bei Machern zu beseitigen, unternahm man eine Verlegung auf 1480 Ellen Länge und übergab deren Herstellung dem Chaussee-Inspektor von Metzsch in Leipzig für 1879 *Rp.* 13 *gr.*

II. und III. Abtheilung. Am Vorwerke Kornhain musste die Wurzen-Oschatzer Chaussee verdrückt und überbrückt werden, ebenso die Chaussee von Dahlen nach Luppa; die von Mügeln nach Strehla bei Bornitz; die von Canitz (Oschatz) nach Riesa, westlich Riesa.

IV. und V. Abtheilung. Die Meissen-Grossenhainer Chaussee schneidet die Bahn in gleicher Höhe in Pristewitz; ebenso die Meissen-Dresdener bei Coswig. Für die Meissen-Moritzburger und die Meissen-Dresdener Chaussee waren schliesslich Unterführungen bei Weinböhla und Trachau einzubauen. Im Dorfe Niederau wurde die „Pressallee" durch Einschnittsüberbrückung übergeführt.

Ausserdem kreuzte die Bahn 167 Gemeinde- und Wirthschaftswege, unter diesen 95 in Bahnhöhe, 20 mittels Ueberführung, 52 mittels Unterführung.

### Elbstrom-Uferbauten.

Anlässlich der Einengung des Elbstromes bei Riesa wurden der Kompagnie eine Anzahl bedeutender Stromuferbauten hydrotechnisch vorgeschrieben, und erstreckten sich dieselben, unter Festhaltung einer Hochfluthhöhe von 12 Ellen über dem Elbnullwasserstande, auf Dammerhöhungen und Dammanlagen am rechten Elbufer aufwärts bis zu den Wolfsbergen bei Nünchritz, am linken Elbufer aufwärts bis Althirschstein.

Aus den unterm 24. März 1837 auf rund 72 700 *Rp.* veranschlagten Arbeiten möge nur hervorgehoben werden, dass die Dämme 2 bis 3 Ellen „Kappenbreite" oben, sodann 2- bis 3fache Böschung nach dem Strome, 1½ fache nach aussen erhielten und in der Regel nur mit Rasen befestigt wurden; dagegen waren alle Schleusen, Mauern, Thore, Anschlussstellen an Bauwerke vor der Veranschlagung auf das Genaueste vorgeschrieben. —

Es darf hier nicht unerwähnt bleiben, dass anfangs die Heranziehung der für damalige Verhältnisse ausserordentlich grossen Anzahl Arbeiter der bauenden Kompagnie viel Schwierigkeiten machte und der Staatsregierung Anlass zu aussergewöhnlichen Massregeln gab. Das Direktorium sandte einen Aufruf in diejenigen deutschen Gegenden, z. B. Schlesien, von woher man Zuzug brauchbarer Erdarbeiter erwarten konnte. Die Regierung erliess besondere Bestimmungen an die Ortsbehörden, die Legitimationskontrole der zuziehenden Arbeiter u. s. w. betr., und stellte für die Beaufsichtigung der Arbeiter Hülfsgensdarmen, für deren Auslösung die Kompagnie zu zwei Dritttheilen aufkommen musste. Hierzu traten umfassende Vorkehrungen für erkrankte Arbeiter und etwa vorkommende Todesfälle. Den Oberingenieur unterstützten 15 Bahnärzte in der unablässigen Fürsorge für die Arbeiter und so sind denn in der Zeit der höchsten Leistungen — Juni 1837 bis März 1838 — bei einem Arbeiterstand bis zu 7500 Mann, ungeachtet der bedeutendsten Anstrengungen bei schlechter Witterung, die sehr gefürchteten epidemischen Krankheiten überhaupt nicht, andere Krankheitsfälle im Ganzen nur 667 eingetreten, während 10 stattgefundene Todesfälle zumeist auf die Uebertretung ertheilter Vorschriften zurückzuführen sind.

## Chronik der Ereignisse beim Unterbau.

**1836** 1. März. Beginn der Erdarbeiten bei Machern, zwischen der Pardau und dem Muldenthale bei Bennewitz, westlich Wurzen.

„ April. Beginn der Erdarbeiten zwischen Leipzig und der Pardau bis Borsdorf.

„ Ende Dezember. Vollendung der Erdarbeiten von Leipzig bis zur Pardau.

**1837** 3. April. Ingangsetzung der Lokomotive „Komet" auf der Strecke bei Machern.

„ September. Beginn des Erdtransportes über die Elbe bei Bahnhof Riesa zur Dammschüttung rechts der Elbe, mit Benutzung der Baugerüste während der Nachtzeit.

„ Dezember. Hauptsächliche Vollendung des Dammes bei Gerichshain.

**1838** Januar. Unbeschadet heftiger Kälte und Schneefalles wurden die Lokomotivfahrten bei Machern ununterbrochen zum Zwecke der Massenbewegung fortgeführt.

„ Februar. Nur an einigen Arbeitsstellen trat Unterbrechung durch Winterwetter ein.

„ 15. Mai. Erste Fahrt bis Machern.

„ 31. Juli. Durchfahrung des Machener Einschnittes mit Betriebszügen.

„ 31. Dezember. Hauptsächliche Beendigung der Erd- und Felsenarbeiten für den Bahnkörper und für Weganlagen überhaupt.

---

**1836** April. Eröffnung des Werkplatzes Leipzig mit Sommerfeld.

„ 1. März. Eröffnung des Werkplatzes Machern mit Bennewitz.

**1837** Februar. Eröffnung des Werkplatzes Wurzen mit Kühren.

„ Februar. Eröffnung des Werkplatzes Oberau.

„ März. Eröffnung der Werkplätze Radegast und Kölmesmühle.

„ Mai. Eröffnung der Werkplätze Zschöllau, Bornitz, Riesa mit Röderau.

„ Mai. Eröffnung des Werkplatzes Dresden.

„ 26. Juni. Eröffnung der Werkplätze Grödler Kanal und Leckwitz.

„ Juni. Eröffnung der Werkplätze Coswig und Trachau.

„ Juli. Eröffnung der Werkplätze Pristewitz und Jessen.

**1838** Dezember. Auflösung der Werkplätze Machern, Radegast, Kölmesmühle, Bornitz, Coswig und Trachau.

**1839** Frühjahr. Auflösung der noch übrigen Werkplätze.

## Der Oberbau.

Der Oberbau führte weit unmittelbarer als die Erdarbeiten und die durch Baugewerksmeister der Umgegend ausführbaren kleinen Kunstbauten die Eigenthümlichkeiten einer Eisenbahn vor Augen. Bekanntermassen ging die ursprüngliche, namentlich von Friedrich List im Eisenbahn-Komitee vertretene Absicht dahin, „amerikanische Holzbahn" (Tram-Railroad oder Plate-Railroad), bestehend aus sogenannten Gleisbäumen, 5 und 9" stark, auf „Grundschwellen", 8 und 8" stark, von 4 zu 4 Fuss Abstand, aufgekämmt und mit „Plattschienen" (Plate-Rails), 2½" engl. breit, ⅝" stark, benagelt herzustellen (Fig. 5, Tafel VI). Man meinte, mit einem den amerikanischen Verhältnissen zwar entnommenen, immerhin aber reichlich bemessen scheinenden Kostenaufwande von rund 38 000 ℛ auf die sächsische Postmeile, zu 16 000 Fuss sächsisch, auszureichen. Die üblen Erfahrungen aber, welche alsbald thatsächlich in Beziehung auf die Unterhaltung einer derartigen Bahn eintraten, führten schon auf der ersten Oberbaustrecke von Leipzig bis Althen zur Annahme breiterer Gleisbäume, 6 und 9", und höherer Plattschienen; auch wurden die Grundschwellen auf 3' Abstand zusammengerückt (Fig. 6). In der letztgenannten Weise stellte man etwa zwei Drittheile des Oberbaues von Leipzig nach Wurzen her, während für Einschnittstrecken der „massive Oberbau", bestehend aus „Kantenschienen" (Edge Rails), gusseisernen Stühlen, kiefernen Grundschwellen, mindestens 8" im Geviert, sammt Zubehör, gewählt wurde (Fig. 7).

Auf Grund eigener Einsicht und der in England und Belgien gewonnenen Erfahrungen gingen die leitenden Organe bei Ausschreibung des Eisenbahnbedarfs zu Werke, wie die nachstehende getreue Wiederholung der ersten sächsischen Oberbau-Submissions-Bedingung nebst Zeichnung für die Abtheilung Leipzig-Wurzen zeigt:

### A. Walzeisen.
#### Gewichte und Maasse sind englisch.

1. **Kantenschienen (Edge-rails).** Bedarf: 15 277 Yards. Schienenlänge: 5 Yard; $\frac{1}{20}$stel kann nur 4 Yards halten. Gewicht pro Yard: 45 ℔. 2½ % Differenz ist nachgelassen, wenn die abweichenden Stücke nicht über 1½ % des ganzen Quanti betragen. Form: Querschnitt nach Fig. 8 und 9; die Schienen sind durchaus parallel; die Enden derselben sind in vertikaler und transversaler Richtung durchaus rechtwinkig auf die obern und untern, sowie auf die Seitenkanten. Sie müssen sorgfältig gerichtet, vollkommen gerade und winkelrecht und ohne alle Ausbiegungen sein. Qualität: Eisen bester Sorte, schweissbar, hämmerbar und kalt biegsam; keine Formnaht, keine nachtheiligen Sprünge, Splitter oder scharfe Kanten zeigend. Prüfung: Die Schienen werden in kaltem Zustande durch ein fallendes Gewicht oder durch Hebel geprüft werden, und müssen bis zu einer Tiefe von $\frac{1}{10}$tel ihrer Länge gebogen werden können, ohne zu reissen oder gar zu brechen.

2. **Plattschienen (Plate-rails).** Bedarf: 43 890 Yards Schienenlänge: 4 Yards; $\frac{1}{10}$tel kann nur 3 Yards halten, doch muss dann das gleiche Maass in Schienen zu 5 Yards geliefert werden. Gewicht pro Yard: 25 ℔; eine Abweichung davon ist gestattet, wie unter 1. Form: Querschnitt nach Fig. 10; die Schienen sind parallel, 2,5" breit, 1,44" stark, und an den Seitenkanten der obern Fläche mit $\frac{1}{3}$" Radius abgerundet; die Enden derselben sind in vertikaler Richtung rechtwinkig, in transversaler aber schief, und zwar unter einem Winkel von 60°; die spitzen Ecken werden in $\frac{1}{4}$" Breite verbrochen (Fig. 11). Qualität: wie unter 1. Durchlochung: Die Schienen werden von 18" zu 18" Länge durchlocht, und zwar bis zu $\frac{1}{2}$" Tiefe oval und nach unten konisch ablaufend, von da an auf 0,54" Tiefe oval und cylindrisch; die grosse Achse des obern Ovals ist $\frac{33}{32}$", die kleine $\frac{27}{32}$"; die grosse Achse des kleinern Ovals

$^{25}/_{32}$", die kleine desselben $^{19}/_{32}$" (Fig. 12). Die Löcher an den Enden der Schienen stehen von der Kante des Querschnitts 1" ab (Fig. 11). Prüfung: wie unter 1.

3. **Blech.** Bedarf: 12 070 Stück rechtwinklige Verbindungsblätter. Dimensionen: 5" Länge, $2^{1}/_{2}$" Breite, $^{1}/_{8}$" Stärke. Gewicht: 0,44 ℔. Durchlochung: rund, mit $^{11}/_{32}$" Durchmesser.

### B. Gusseisen.

4. **Verbindungsstühle (Chairs).** Bedarf: 3361 Stück. Form: Querdurchschnitt sammt Schiene, obere Ansicht, Seitenansicht Fig. 8. Gewicht: 16 ℔.

5. **Unterstützungsstühle (Chairs).** Bedarf: 13 444 Stück. Form: Querdurchschnitt sammt Schiene, obere Ansicht, Seitenansicht Fig. 9. Gewicht: 11 à 12 ℔.

    Anmerkung. Die Stühle sind auf das Genaueste nach den Zeichnungen zu fertigen; die einzelnen Theile und Flächen sind gerade und winkelrecht herzustellen. Es ist das beste graue Gusseisen dazu zu verwenden und dürfen sich nirgends leere Räume, Gallen oder Blasen zeigen. Die Löcher oder Falze dürfen keine Formkanten haben, und nach keiner Seite schief geneigt sein. Eine Verstärkung der Massen, und sonach grösseres Gewicht, wird nicht bezahlt. Zu leichte Stücke, welche mehr als $^{1}/_{10}$tel in der Schwere von obigen Vorschriften abweichen, werden verworfen.

### C. Schmiedeeisen.

6. **Grosse Keile.** Bedarf: 7400 Stück. Form: nach Fig 13. Gewicht: 0,41 ℔.

7. **Kleine Keile.** Bedarf: 14 800 Stück. Form: nach Fig. 14. Gewicht: 0,17 ℔.

8. **Starke Nägel.** Bedarf: 37 000 Stück. Form: nach Fig. 15. Gewicht: 0,61 ℔.

9. **Dünnere Nägel.** Bedarf: 84 500 Stück. Form: nach Fig. 16. Gewicht: 0,25 ℔.

10. **Bolzen mit Muttern.** Bedarf: 24 140 Stück. Form: nach Fig. 17. Gewicht: 0,50 ℔.

    Dimensionen: die Bolzen haben eine Totallänge von 8,55", der obere Durchmesser des konischen, 0,45" hohen, Kopfes = $^{26}/_{32}$", der untere = $^{17}/_{32}$"; der hierauf folgende cylindrische Theil, = 0,54" hoch, hat ebenfalls $^{17}/_{32}$" Durchmesser; von da an und auf eine Länge von 6,8" erhält der Bolzen ein Quadrat zum Querschnitt, dessen Seiten = $^{12}/_{32}$" sind; an dem untern, 0,76" langen Ende ist eine Schraube mit $^{1}/_{16}$" hohen und tiefen Schraubengängen einzuschneiden, so dass $^{1}/_{4}$" Spindelstärke bleibt. Die Muttern erhalten $^{1}/_{2}$" Höhe und eine regelmässige achteckige Gestalt, von welcher der Durchmesser des zu beschreibenden Kreises = $1^{1}/_{8}$".

    Anmerkung. Zu allen diesen Gegenständen (6 bis 10) muss das beste Eisen genommen werden; sie müssen, ohne Brüche und Risse zu bekommen, kalt gebogen und wieder gerade gerichtet werden können. Die Maasse müssen aufs Genaueste gehalten werden und die Formen tadellos sein. Ueberschlag des ungefähren Gewichts: von No. 1: 6138 Ctr., von No. 2: 9797 Ctr., von No. 3: $47^{1}/_{2}$ Ctr., von No. 4: 480 Ctr., von No. 5: 1441 Ctr., von No. 6: 27 Ctr., von No. 7: $22^{1}/_{2}$ Ctr., von No. 8: $201^{1}/_{2}$ Ctr., von No. 9: $188^{1}/_{2}$ Ctr., von No. 10: 108 Ctr. Total: 18 451 Ctr.

Nicht nur bezüglich der Höhe der Preise, sondern auch wegen der fehlenden Betheiligung deutscher Werke

war das Submissionsergebniss ungünstig. Man zahlte schliesslich frei Halle oder Strehla für 1 Ctr: Kantenschienen 6 ℜ 16 gr, 1 Ctr: Plattschienen 6 ℜ 2 gr, 1 Ctr: gusseiserner Stühle 3 ℜ 16 gr, einschliesslich Assekuranz und Eingangszoll. Die ersten Schienen gelangten 1836 nach Leipzig; Ingenieur H. Köhler hatte dieselben auf Grund einer besonderen Instruktion des Direktoriums in den Monaten August und September 1836 bei dem Hause William Bird & Co. in London und Liverpool übernommen.

    Die Wahl des Oberbaues der 1. Abtheilung, Leipzig-Wurzen — welcher im Vergleich zu Nordamerika und England immerhin auf der Höhe seiner Zeit stand —, war somit entschieden. Die beiden Arten von Oberbau unterlagen eifrigster Beobachtung, bewährten sich aber in Bezug auf Dauerhaftigkeit und Widerstandsfähigkeit gegenüber einem lebhaften Verkehr keineswegs; auch der Oberbau mit Kantenschienen erwies sich ebenso als im Ganzen nicht kräftig genug. [1] — Solchen Ergebnissen gegenüber schlug der Oberingenieur unterm 27. Mai 1837 vergleichend drei stärkere Oberbau-Systeme wie folgt vor:

    A. Lang- und Querschwellen von Eichenholz; Plattschienen, $2^{1}/_{2}$" breit, $1^{1}/_{2}$" hoch; durchlaufendes Bett aus Steinknack, Kies und Sand, mit Seitenkanälen.

    B. Lang- und Querschwellen von Kiefernholz; Kantenschienen von 50 ℔. englisch pro Yard. „Gründung" wie oben.

    C. Breitbasige, oben birnenförmige „amerikanische" Schienen, nach Angabe des Ingenieurs Vignoles, $2^{1}/_{2}$" breit oben, 4" breit unten, $2^{1}/_{2}$" hoch; 1 Yard etwa 50 ℔. schwer.

    Die Schienen sollten auf kiefernen Langschwellen, 8" breit, 6" hoch, mit Hakennägeln ohne Zwischenmittel befestigt, die Langschwellen auf Grundschwellen, 8 Fuss lang, 8 Zoll im Quadrat, mit Gründung wie oben, gelegt werden.

    Die Kostenanschläge des gesammten Oberbaues erreichten nach den drei Systemen nahezu gleiche Höhe und betrugen für den vom Oberingenieur empfohlenen, sub C, im Ganzen 1 052 577 ℜ 16 gr 4 ₰, d. i. pro Postmeile (à 16 000 Ellen sächsisch): 80 967 ℜ 12 gr 4 ₰ und somit mehr als das Doppelte der ursprünglichen Annahme.

---

    1) Ingenieur Köhler sagt darüber im Bericht des ersten Betriebsjahres:

    „Es schwand nämlich das Holz dergestalt zusammen und wurde so rissig, dass die Schraubengewinde der Bolzen in ihrer Länge nicht mehr zureichten, um die Muttern anzuziehen, und die Nagellöcher sich erweiterten. Die Schienen aber wurden durch die eingezogene Sonnenhitze und den auswalzenden Effekt der Lokomotive dergestalt verlängert, dass die Enden hart aneinander stiessen und alle 2 bis 3 Tage freigesägt werden mussten."

Das Oberbau-System C (Fig. 18, Tafel VI) wurde für alle weiteren Herstellungen angenommen, erfuhr aber noch eine wesentliche Aenderung; denn unter dem Einflusse einer „enormen" Steigerung der Holzpreise und infolge Ausfalles der Proben, welche mit den ersten neuangekommenen Vignoles-Schienen angestellt wurden, entstand eine sehr günstige Meinung bezüglich reichlicher Tragkraft dieser Schienen, so dass — nicht ohne Widerspruch des Oberingenieurs — beschlossen wurde:

„die breitbasigen Schienen mit Weglassung der sämmtlichen Langschwellen unmittelbar auf die Querschwellen, die durchschnittlich 2 zu 2 Fuss im Mittel von einander auf ein fortlaufendes Kiesbett zu legen seien, zu befestigen; behufs Herstellung einer ganz richtigen und festen Lage aber noch walzeiserne Verbindungsplatten da anzubringen, wo 2 Schienen zusammenstossen."

Der Erstlingsform (Fig. 19) des dermalen gebräuchlichsten deutschen Oberbaues war somit — theilweise durch zufällige Einflüsse — das Dasein gegeben; die bezüglichen Schienen führen noch heute, in untergeordneten Geleisen liegend, die Bezeichnung Profil I LD und sind in drei Querschnittsformen und in Längen bis zu 18 Fuss engl. geliefert worden (Fig. 20, 21, 22).

Für die Bettungsherstellung, oben „Gründung" genannt, gab der Oberingenieur wörtlich folgende Vorschriften:

„Das System der Lang- und Querschwellen mit den Schienen wird auf dem Unterbaue folgendermassen gegründet: das fertige Planum der Bahn erhält an beiden Kanten ein 30 Zoll breites Banquet von dem vorbefindlichen Boden aufgetrieben und festgestampft; das Banquet hat nach innen 14 Zoll Höhe oder Tiefe (nach beiliegendem Profile Fig. 23), so dass das Innere einen ausgegrabenen Kasten oder Bett, bei zwei Geleisen von 19 Fuss Breite, bildet; die Sohle dieses Bettes ist in der Mitte um 1 bis 2 Zoll erhöht und verläuft sich mit diesem Gefälle nach beiden Seiten nach den Banquets zu; durch letztere werden von 4 zu 4 Fuss kleine Sickerkanäle von der Sohle des Bettes durchgeführt und mit kleinem Steinknack lose ausgefüllt."

„Da für jetzt nur ein Geleis gelegt wird, so ist das Bett da, wo keine Ausweichungen liegen, nur 8 Fuss breit vorzurichten; hinsichtlich des Quergefälles der Sohle wird hier, wie bei Ausweichungen, obiger Grundsatz festgehalten."

„Auf der Sohle dieses Bettes wird nun eine 2 Zoll hohe Lage Sand oder feiner Kies aufgebracht und festgestampft; auf diese Sandschicht kommt eine 4 Zoll hohe Schicht Steinknack, von der Grösse, wie er bei der

Chausseeunterhaltung verwendet wird. Der Steinknack ist möglichst regelmässig zu setzen; hierauf kommt abermals eine 2 Zoll hohe Schicht Sand zur Ausgleichung. Auf letztere Schicht werden nun die 8 Zoll hohen Querschwellen verlegt, welche nunmehr das Niveau der Banquets um 2 Zoll überragen. Die durch die Quer- und Langschwellen gebildeten Fachungen werden mit gewöhnlichem Boden 6 Zoll hoch ausgefüllt und dann das Ganze in 4 Ellen Breite nochmals mit einer 2 Zoll hohen Sandschicht ausgeglichen."

„Auf die Länge einer Meile von 16 000 Ellen mit einem Zehntheil derselben für Ausweichungen ist demnach erforderlich:

a. an Sand oder feinem Kies:
3 Schichten, jede 2 Zoll hoch, 4 Ellen breit, giebt auf die laufende Elle Bahn 1 Kubikelle Sand oder Kies, also: $1,1 : 16\,000 = 17\,600$ Kubikellen oder 275 Schachtruthen à 64 Kubikellen;

b. an Steinknack:
1 Schicht Steinknack, 4 Zoll hoch, 4 Ellen breit, giebt $^2/_3$ Kubikelle für die laufende Elle Bahn und folglich: $1,1.16\,000. ^2/_3 = 11\,733^1/_3$ Kubikellen oder 123 Ruthen à 96 Kubikellen."

Den Vignoles-Schienen-Oberbau (auf Langschwellen mit je zwei Querschwellen pro Langschwelle) veranschlagte der Ober-Ingenieur selbst pro laufende Postmeile = 16 000 Ellen = 29 760 Fuss englisch, folgendermassen:

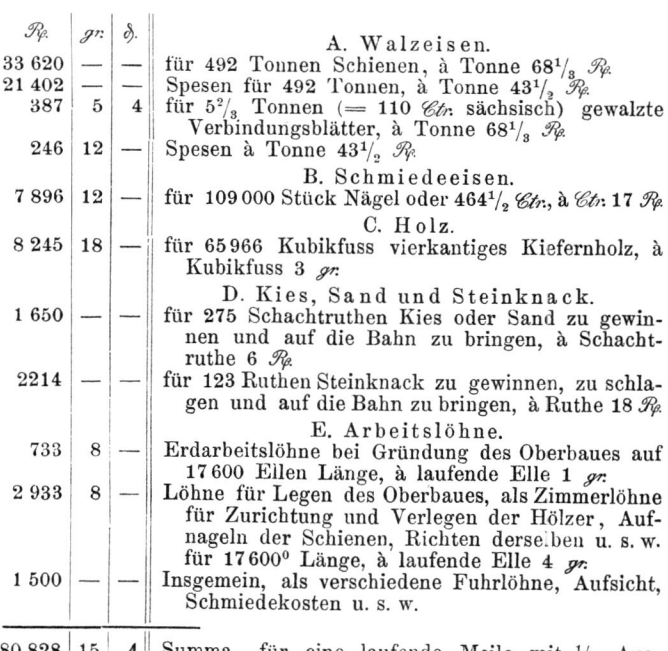

| $\mathscr{R}_{\mathcal{P}}$. | $gr$. | $\delta$. | |
|---|---|---|---|
| | | | A. Walzeisen. |
| 33 620 | — | — | für 492 Tonnen Schienen, à Tonne $68^1/_3\ \mathscr{R}_{\mathcal{P}}$. |
| 21 402 | — | — | Spesen für 492 Tonnen, à Tonne $43^1/_2\ \mathscr{R}_{\mathcal{P}}$. |
| 387 | 5 | 4 | für $5^2/_3$ Tonnen (= 110 $\mathscr{C}tr$. sächsisch) gewalzte Verbindungsblätter, à Tonne $68^1/_3\ \mathscr{R}_{\mathcal{P}}$. |
| 246 | 12 | — | Spesen à Tonne $43^1/_2\ \mathscr{R}_{\mathcal{P}}$. |
| | | | B. Schmiedeeisen. |
| 7 896 | 12 | — | für 109 000 Stück Nägel oder $464^1/_2\ \mathscr{C}tr$., à $\mathscr{C}tr$. 17 $\mathscr{R}_{\mathcal{P}}$. |
| | | | C. Holz. |
| 8 245 | 18 | — | für 65 966 Kubikfuss vierkantiges Kiefernholz, à Kubikfuss 3 $gr$. |
| | | | D. Kies, Sand und Steinknack. |
| 1 650 | — | — | für 275 Schachtruthen Kies oder Sand zu gewinnen und auf die Bahn zu bringen, à Schachtruthe 6 $\mathscr{R}_{\mathcal{P}}$. |
| 2214 | — | — | für 123 Ruthen Steinknack zu gewinnen, zu schlagen und auf die Bahn zu bringen, à Ruthe 18 $\mathscr{R}_{\mathcal{P}}$. |
| | | | E. Arbeitslöhne. |
| 733 | 8 | — | Erdarbeitslöhne bei Gründung des Oberbaues auf 17 600 Ellen Länge, à laufende Elle 1 $gr$. |
| 2 933 | 8 | — | Löhne für Legen des Oberbaues, als Zimmerlöhne für Zurichtung und Verlegen der Hölzer, Aufnageln der Schienen, Richten derselben u. s. w. für 17 600° Länge, à laufende Elle 4 $gr$. |
| 1 500 | — | — | Insgemein, als verschiedene Fuhrlöhne, Aufsicht, Schmiedekosten u. s. w. |
| 80 828 | 15 | 4 | Summa, für eine laufende Meile mit $^1/_{10}$ Ausweichungen und Reserve. |

Bezüglich der Vertheilung der Querschwellen trat noch während des Baues eine Ersparnissmassregel insofern ein, als man zum Abstande von $2^1/_2$ und bezw. $2^2/_3$ anstatt 2 Fuss übergehen liess.

Der Bauleitung lag nunmehr die Beschaffung folgender Materialien für die vier Bauabtheilungen von Wurzen bis Dresden ob: 100 000 *Ctr.* gewalzte Schienen, dazu 10 000 *Ctr.* Reserve. Konsul Hirzel-Lampe kontrahirte, unterstützt durch Oberhüttenmeister Alex aus Lauchhammer, in der Zeit vom 17. August bis 30. September 1837 in England persönlich und vorzugsweise mit den Firmen Guest, Lewis & Co. in Dowlais, Thompson & Foreman in London. Anders als frei Schiff in Cardiff pro *Ctr.* $3^1/_3$ bis $3^1/_2$ *Rp.* war nicht abzuschliessen; hierzu kam die Schiffsfracht sammt Assekuranz über Hamburg, Magdeburg bis Riesa auf Rechnung der Kompagnie und ausserdem blieb wie bisher pro Centner ein Einfuhrzoll von 1 *Rp.* zu entrichten (Eisentheile für Fahrzeuge zahlten 6 *Rp.* pro Centner an Zoll).

Ein Zwischenfall, bestehend in dem Untergange des mit 180 Tons Schienen beladenen Schiffes „Carl Johann" an der Küste von Ostfriesland, hatte für die Kompagnie keine nachtheiligen Folgen, weil die Ladung versichert war.

Der Beschaffung der Querschwellen, 94 200 Stück für das linke und 84 860 Stück für das rechte Elbufer, stellten sich im Inlande sehr hohe Preise entgegen; indessen gelang es dem Oberingenieur, für angemessenere Preise den linkselbischen Bedarf bei einem inländischen Grundbesitzer und den rechtselbischen von den Fürstlich Fürstenbergischen und Schwarzenbergischen Forstbehörden (u. A. zu Pürglitz in Böhmen) zu erhalten. Für eine kieferne Schwelle frei Elbufer bei Dresden, Kötitz, Cölln bei Meissen, Merschwitz und Grödel, 4 Ellen lang, 8 Zoll mindestens breit, dabei 8 oder 6 Zoll hoch, wurde dem k. k. Schiffsmeister Lanna als Zwischenakkordanten gezahlt 17 *gr.* 3 *₰* bezw. 16 *gr.* 1 *₰* und für eine eichene Schwelle beider Sorten 18 *gr.* 6 *₰* und 17 *gr.* 4 *₰*.

Die Lieferung der Verbindungsplatten (Fig. 25) und der Nägel (Fig. 24) übernahmen mehrere grössere deutsche Firmen, u. A. die Maschinenfabrik zu Uebigau.

Zur Mitte des Jahres 1838 befanden sich sämmtliche Hauptmaterialien im Besitze der Kompagnie, und es unterlag die an mehreren Stellen sofort nach Beendigung der Unterbauarbeiten auszuführende Auslegung des ersten Hauptgeleises mit Zubehör keiner weiteren grundsätzlichen Aenderung.

Infolge der Mehrtheiligkeit der ursprünglichen Oberbausysteme der Strecke Leipzig-Wurzen bereitete schon deren Auslegung Schwierigkeiten und unvorhergesehene Kosten. Nicht nur, dass die Geleislegungsarbeit im engeren Sinne ausschliesslich durch Zimmerleute (pro

Tag 12 *gr.* Lohn hierbei) besorgt werden musste, hatte man auch auf das Setzen der Dämme, das Verschlämmen der Einschnittsgräben und das Verfüllen der Schwellen mit durchlässigen Massen viel zu wenig gerechnet.

Zu bestätigen ist dagegen, dass schon bei diesem ersten Oberbau die Stellung der Schienen geneigt gegen die Geleisachse durchgeführt und zu diesem Behufe jede Schwelle gefalzt wurde, wozu Falzbänke und Falzhebel im Gebrauche waren, deren Bauart nur wenig von den noch heute in Thätigkeit befindlichen Handbetriebsvorrichtungen abweichen.

Ueber die Bauart der „Ausweichvorrichtungen" ist nur zu erwähnen, dass man die gewöhnlichen stumpfen Schleppweichen, die heute für deutsche Hauptbahnen verboten sind, anfänglich wohl ausschliesslich anwandte und mehrere Jahre später zu den Zungenweichen überging. Die eisernen Zungen legten sich in Kopf- und Fussausschnitte der Stockschienen ein.

Die Weichböcke (Exzentriks) trugen keine Signale und waren anfänglich unbeleuchtet.

Die „Herzstücke und Kreuzungen" bestanden aus spitzgeschmiedeten und vernieteten gewöhnlichen Schienenstücken, mit und ohne untergenieteten Lagerplättchen.

Zwangschienen, lange Zeit hindurch lose neben die Fahrschienen genagelt, kamen allmälig in Gebrauch.

Das Biegen der Schienen für die Weichenkurven scheint anfänglich nicht durchgängig ausgeführt worden zu sein, dafür aber die Verwendung kürzerer Schienen von 9 und 12 Fuss englisch Länge.

Sämmtliche ursprüngliche Drehscheiben, die im Allgemeinen mit Vorliebe angeordnet wurden, scheinen 12 Fuss englisch Durchmesser und eine auch für Erstlings-Lokomotiven ausreichende Bauart gehabt zu haben.

Auch diesen Oberbaubestandtheil lieferte anfänglich England. Acht konische Rollen zwischen zwei Bandeisenringen, durch Radialstäbe central von einem Mittelringe aus geführt, liefen auf einem Gussringe und trugen das gusseiserne Gestell. Auch der Mauerkranz war mit einem Gusseisenkranze umrahmt.

---

Am Schlusse des Eröffnungsjahres lagen nachverzeichnete Geleislängen, unter denselben auch bereits 41 437 Ellen zweites Hauptgeleis aus Reservematerialien:

| Bahnbetriebs-Abtheilung. | 1. Geleis. | 2. Geleis und Nebengeleise. |
|---|---|---|
| I. | 75 589 Ellen | 23 995 Ellen |
| II. | 51 500 „ | 27 190 „ |
| III. | 75 711 „ | 5 590 „ |
| Summa | 202 800 Ellen. | 56 775 Ellen. |

(Fortsetzung folgt.)

# Profil der Bahn von Leipzig bis Dresden.

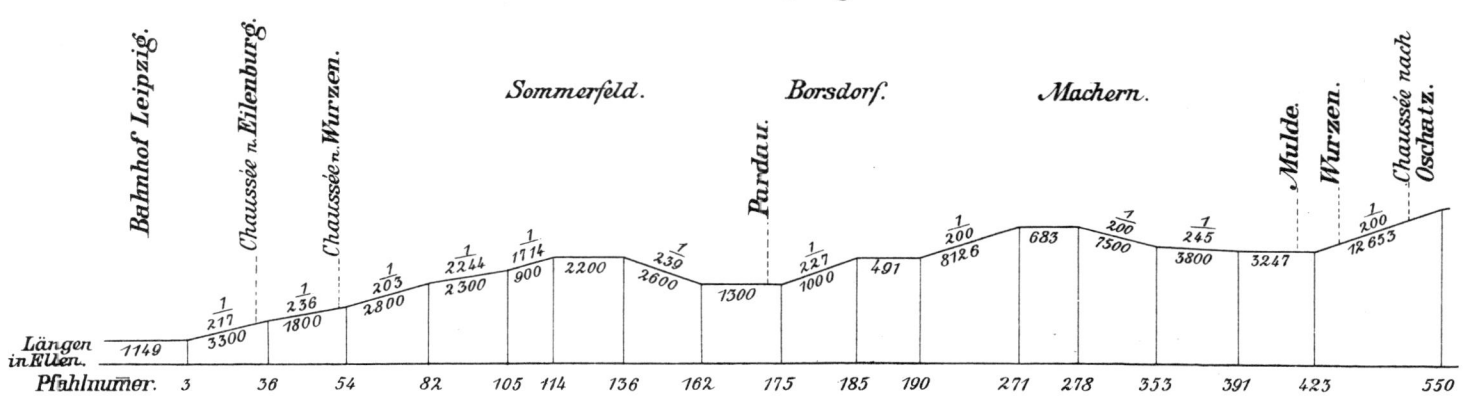

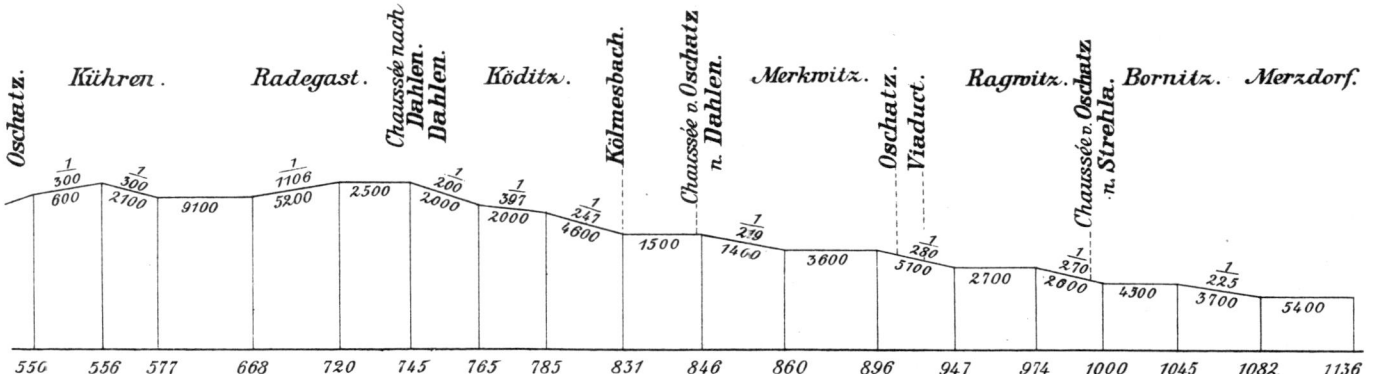

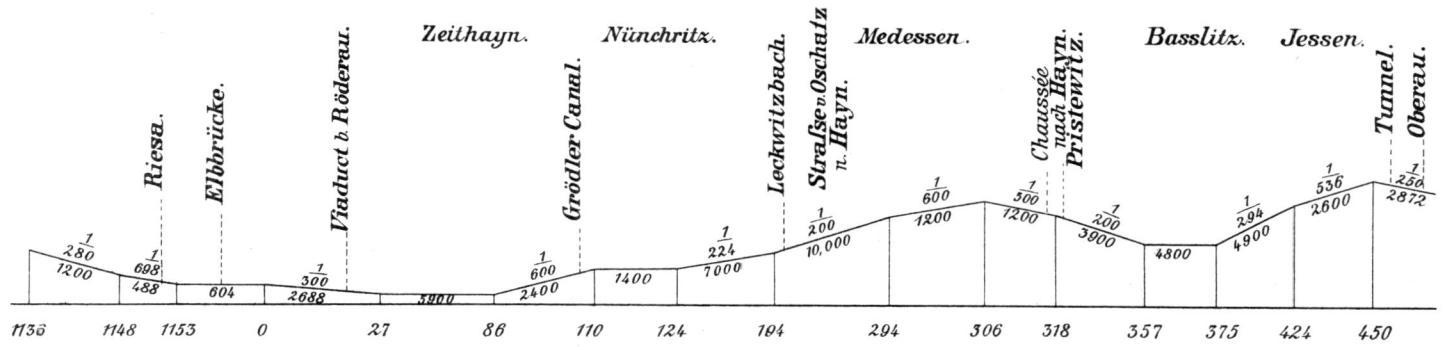

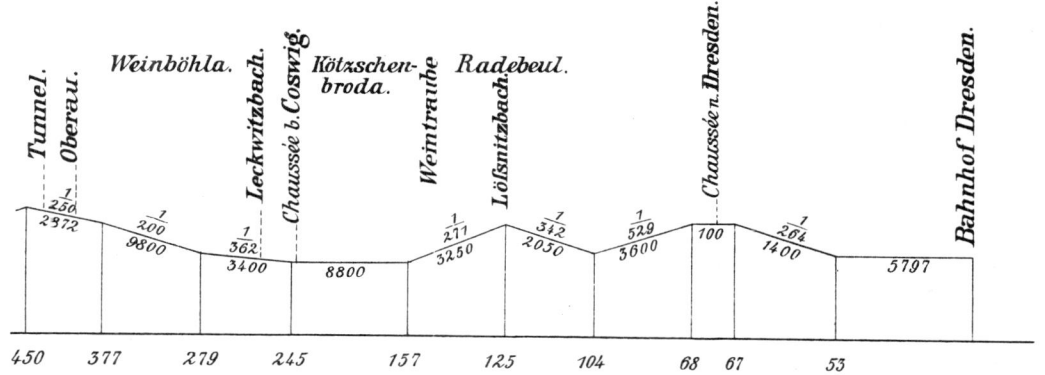

Erdkörperprofile. Maaßstab 1:500

Fig.1.

Fig.2.

Grabensohle · Grabentiefe - 1°

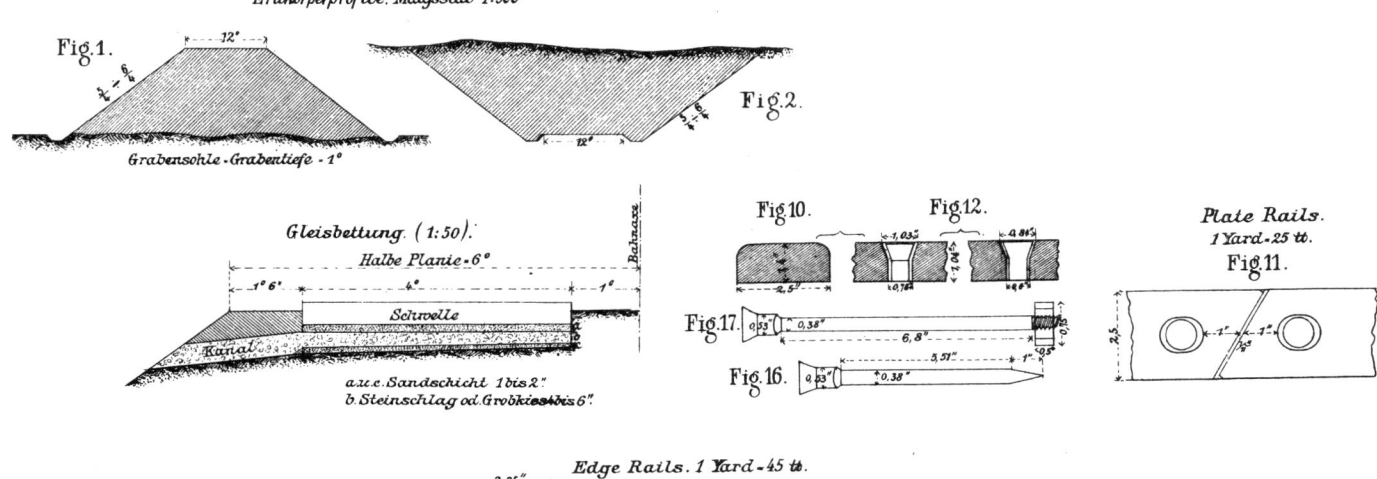

Gleisbettung. (1:50).

Halbe Planie - 6°

Bahnaxe

Schwelle

Kanal

a. u. c. Sandschicht 1 bis 2″.
b. Steinschlag od. Grobkies bis 6″.

Fig.10.   Fig.12.

Fig.17.

Fig.16.

Plate Rails.
1 Yard - 25 tt.
Fig.11.

Edge Rails. 1 Yard - 45 tt.

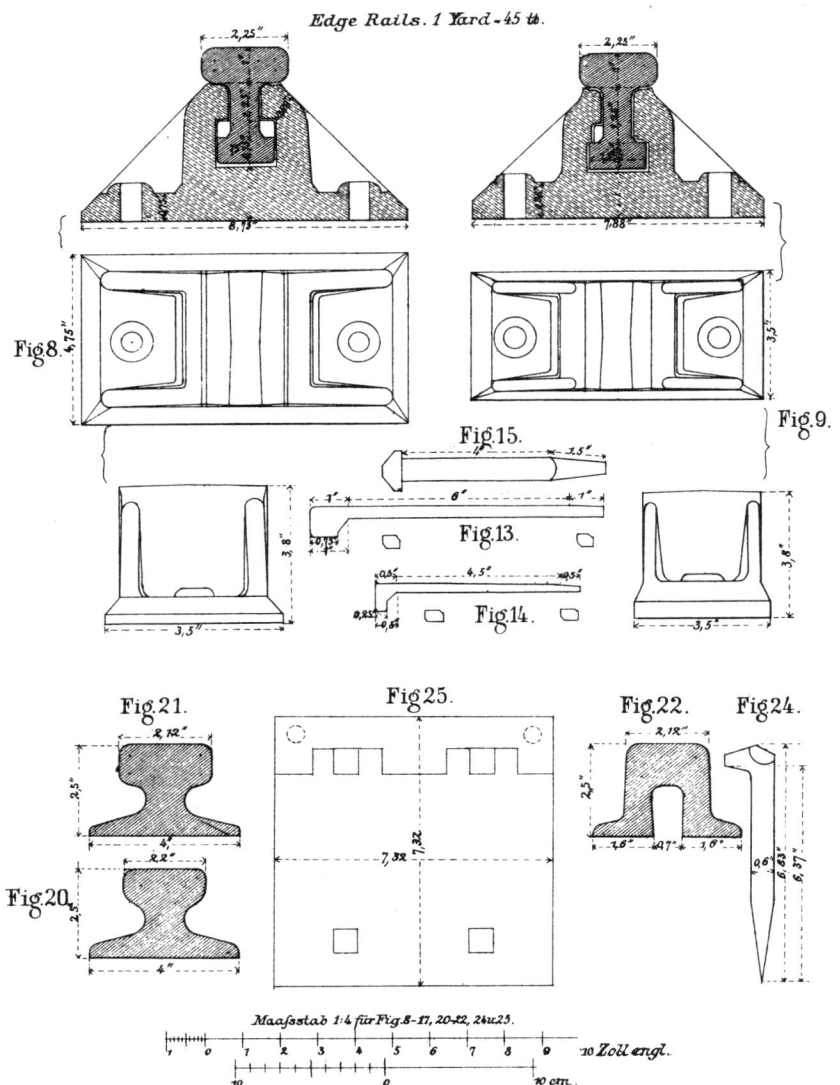

Fig.8.

Fig.9.

Fig.15.

Fig.13.

Fig.14.

Fig.21.   Fig.25.   Fig.22.   Fig.24.

Fig.20.

Maaßstab 1:4 für Fig. 8-17, 20-22, 24 u 25.

10 Zoll engl.

Die sämmtlichen eingeschriebenen Maaße der Eisenkonstruktion sind Zoll engl.

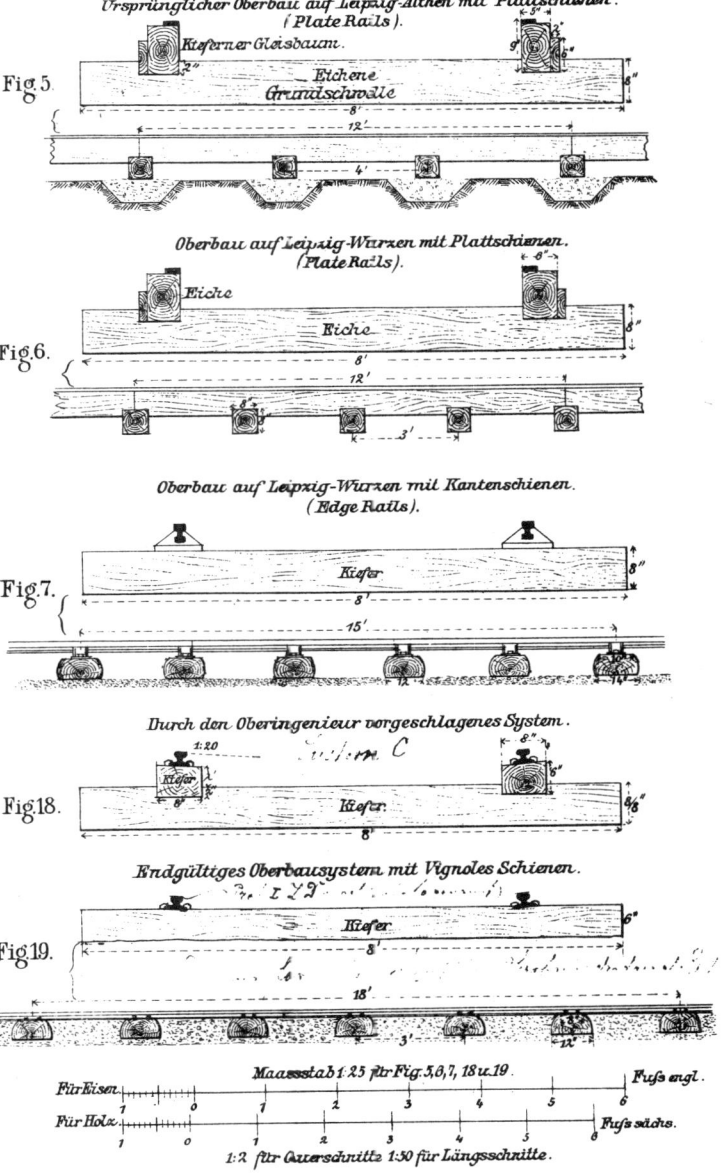

Ursprünglicher Oberbau auf Leipzig-Althen mit Plattschienen.
(Plate Rails).

Kieferner Gleisbaum.

Fig. 5.

Eichene
Grundschwelle

12'

4'

Oberbau auf Leipzig-Wurzen mit Plattschienen.
(Plate Rails).

Eiche

Fig. 6.

Eiche

8'

12'

3'

Oberbau auf Leipzig-Wurzen mit Kantenschienen.
(Edge Rails).

Fig. 7.

Kiefer

8'

15'

Durch den Oberingenieur vorgeschlagenes System.

1:20

Kiefer

System C

Fig. 18.

Kiefer

8'

Endgültiges Oberbausystem mit Vignoles Schienen.

Fig. 19.

Kiefer

8'

15'

3'

Maassstab 1:25 für Fig. 5, 6, 7, 18 u. 19.

Für Eisen

Fufs engl.

Für Holz

Fufs sächs.

1:2 für Querschnitte 1:50 für Längsschnitte.

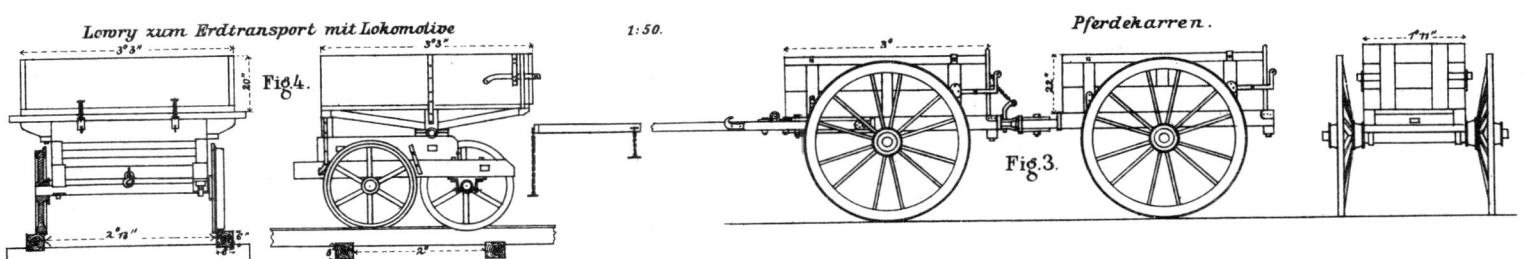

Lowry zum Erdtransport mit Lokomotive

1:50.

Pferdekarren.

Fig. 4.

Fig. 3.

(Sonderabdruck aus dem „Civilingenieur“, XXXV. Band, 6. Heft.)

# Erinnerungen an den Bau und die ersten Betriebsjahre der Leipzig-Dresdener Eisenbahn.

Von

Finanzrath **Ludwig Neumann** und Bezirksmaschinenmeister **P. Ehrhardt.**

(Fortsetzung aus Heft 2.)

(Hierzu Tafel XX—XXIII.)

## Die Kunstbauten.

Dem Gesammtplane entsprechend waren nachgenannte grössere Brücken zu erbauen:

| | | |
|---|---|---|
| die Pardaubrücke bei Borsdorf mit einer Bahnachsenlänge von | 25 | Ellen, |
| die Muldenbrücke bei Wurzen | 677 | „ |
| der Döllnitzthal-Viadukt bei Zschöllau | 717 | „ |
| die Elbbrücke bei Riesa | 604 | „ |
| der Elbthal-Viadukt bei Röderau | 1150 | „ |
| Summa = | 3173 | Ellen. |

Hierzu traten für kleinere Wasserläufe 19 Brücken mit 5 bis 12 Ellen Oeffnungsweite, für Gräben und Abzüge 295 Schleusen von 18 Zoll bis 2 Ellen Weite; zur Unterführung von Chausseen 6 Brücken, 12 bis 20 Ellen weit, 9 bis 9½ Ellen hoch; zur Unterführung von Wegen 52 Brücken, bis zu 16 Ellen weit; zur Ueberführung von Chausseen 1 Brücke, zur Ueberführung von Wegen 20 Brücken.

Als schwierigstes Bauwerk galt der Tunnel bei Oberau.

Bezüglich der Bauweise und der Bauformen der kleinen Bauwerke kannte man noch nicht die Nothwendigkeit, durch tiefes Gründen und straffes lagerhaftes Zusammenarbeiten der Bruchsteine im Innern und an den Aussenflächen solche Mauerwerkskörper zu erzeugen, welche den Einflüssen der Nässe, des Frostes und starker Erschütterungen durch fahrende Lasten dauernd zu widerstehen vermögen; man neigte sich der Anwendung starker Mörtelfugen und kleiner Zwicksteine zur Ausfüllung der Zwischenräume der unregelmässigen Bruchsteine zu, legte auch die Geleise fast ohne Zwischenmittel auf die Gewölbe, rechnete ferner auf den Gegendruck der Bodenhinterfüllung mehr oder weniger, als wirklich eintritt, und auf den Druck erschütternder Betriebslast gegen schwache Mauern zu wenig; — Alles infolge Mangels an Eisenbahnbetriebserfahrung und an Voraussicht bezüglich der Schnelligkeit der nachfolgenden Zunahme des Bahnverkehrs und der Fahrzeuglasten. Sehr beliebt waren Eckarmirungen an bruchsteinernen Mauern und Gewölben, sowie Gewölbe aus Laufer- und Binderschichten mit Bruchsteinfüllung über den Laufern. Als hauptsächlichstes Baumaterial wurde Bruchstein verwendet, und zwar im Allgemeinen in Verbindung mit gutem Graukalkmörtel. Selbst zu Gewölben bis zu 12 $^0$ Weite in Halbkreisform benutzte man „auserlesene“ Bruchsteine ohne sorgfältige Bearbeitung der Lagerflächen und in Stärken, welche diejenigen der entsprechenden Hausteingewölbe wenig übertrafen; die verschiedenen mehr oder weniger zum Bau geeigneten, an sich aber dauerhaften Porphyrarten der Gegenden bei Borsdorf (Beucha), Wurzen, Dornreichenbach, Oschatz, Riesa, Glaubitz, ferner Granit und Syenit von Grossdobritz bei Dresden lieferten ausreichendes Material. Der Graukalk von Mügeln, Altenburg und Weinböhla kam der Dauerhaftigkeit der Bauwerke zu statten. Ziegelgewölbe wurden nur ausnahmsweise angeordnet. Die meisten Gewölbe, zu denen nicht Bruchstein in Anwendung kam, wurden aus Elbsandstein, wenige aus Rochlitzer Porphyr erbaut; Deckplatten der Flügel und Stirnen, sowie Eckarmirungen und Pfeilerverkleidungen zwischen Wurzen und Oschatz auch aus rothem Rochlitzer Porphyr. In Ermangelung von Maurern, die

1

das Zusammenarbeiten der Bruchsteinmauer‑Ansichts‑
flächen verstanden, pflegte man letztere nach erfolgtem
Auszwicken — wie im landwirthschaftlichen Bauwesen —
mit Kalkmörtel zu übertünchen.

Beispielsweise lauteten die im beschränkten Sub‑
missionswege entstandenen Verträge über Ausführung der
Kunstbauten von Borsdorf bis Machern im Wesentlichen
nur auf „Mauer = Bruchsteinmauer, Gewölbe =
Bruchsteingewölbe und Abtünchung = grober Berapp
auf Bruchsteinmauer über das ganze Bauwerk hinweg“.
Gezahlt wurde

14 bis 15 *gr.* für 1 Kubikelle Mauer,
15 und 20 *gr.* für 1 Kubikelle Gewölbe und
9 bis 12 *₰* für 1 Quadratelle Abtünchung,

bei in der Regel sehr kurzen Baufristen.

Durch eine Reihe ausgewählter typischer Bei‑
spiele von kleinen Kunstbauten möge nunmehr die da‑
malige Bauweise fernerweit gekennzeichnet werden.

### Schleusen und Bachbrücken.

Taf. XX, Fig. 1. Wölbschleuse bei Althen, 2° weit,
mit dem Halbkreisgewölbe bis zur Planie reichend;
rechtwinkelige Flügel. Ganz aus Bruchsteinen und
getüncht. (Baustation 127.)

Taf. XX, Fig. 2. Wölbschleuse westlich Oschatz, 3°
weit, Halbkreis, durchgehende Grundmauern, hohe
Stirnen. Ganz aus Bruchsteinen. (Station 854.)

Taf. XX, Fig. 3. Wölbschleuse für den Zöschauer
Bach westlich Bornitz, 6° weit, Halbkreis, Parallel‑
flügel. Ganz aus Bruchsteinen. (Station 997.)

Taf. XX, Fig. 4. Kölmes Mühlgraben‑Brücke west‑
lich Oschatz, 8° weit, Halbkreis, schief, ganz aus
Bruchsteinen, Pfahlrostgründung. (Station 834.)

Taf. XX, Fig. 5. Geisslitzbach‑Brücke östlich Prieste‑
witz, 6° weit, Sandsteingrundstückengewölbe im
Laufer‑ und Binderverband mit Bruchsteinausfül‑
lung; hohe Stirnen; Parallelflügel; Pfahlrostgrün‑
dung. (Station 364.)

Taf. XX, Fig. 6. Grödler Flosskanal‑Brücke, 10°
weit, Sandsteingrundstücken‑Halbkreis in Laufer‑
und Binderverband, übrigens aus Bruchstein, Parallel‑
flügel, Steinbrüstung.

### Wegbrücken unter der Bahn.

Taf. XX, Fig. 7. Wegbrücke bei Altenbach, 8° weit,
acht hölzerne aufgesattelte verzahnte Tramer auf
Bruchsteinmauer mit Armirung aus Rochlitzer Por‑
phyr; schräge Flügel; Holzgeländer.

Taf. XX, Fig. 8. Grimmaische Wegbrücke östlich
Altenbach, 12° weit, acht einfache Sprengwerke mit
Tramern, übrigens wie vorstehend. (Station 403.)

Taf. XX, Fig. 9. Wegbrücke am Bahnhof Oschatz,
10° weit, niedriges schwaches Halbkreisgewölbe bis
zur Planie, ganz aus Bruchsteinen und getüncht.

Taf. XX, Fig. 10. Wegbrücke bei Bennewitz und Leu‑
litz, 12° weit, Halbkreis aus Bruchstein mit Eck‑
armirung von Rochlitzer Porphyr. (Station 399.)

Taf. XX, Fig. 11. Wegbrücke östlich Priestewitz, 8°
weit, Sandsteingrundstückengewölbe ¼ Stich, mit
Bruchsteinfüllung bis zur Planie. (Station 337.)

### Chausseebrücken unter der Bahn.

Taf. XX, Fig. 12. Brücke am Bahnhof Dahlen, 12°
weit, rechtwinkelig zur Chausseerichtung. Schiefes
Quadergewölbe in Binder‑ und Lauferverband mit
Bruchsteinfüllung und mit unrichtigem Fugenschnitt
in den stumpfen Ecken des Gewölbes, Eckarmirung,
Parallelflügel.

Taf. XXI, Fig. 1. Meissen‑Moritzburger Chaussee‑
brücke westlich Coswig, 10° weit, Sandsteinquader‑
gewölbe ¼ Stich, Parallelflügel, Ansichten mit
Grundstückenmauerwerk verkleidet.

Taf. XXI, Fig. 2. Grossenhainer Chausseebrücke
bei Trachau, 17° rechtwinkelig zur Chausseerich‑
tung weit, schiefes Quadergewölbe mit ¼ Stich in
sieben Ringabsätzen, Parallelflügel, Ansichtsflächen
mit reiner Grundstückenmauer verkleidet. Grund‑
steinlegung am 9. November 1837 und Bauvollen‑
dung schon am 20. Dezember 1837.

### Einschnitts‑Ueberbrückungen.

Taf. XXI, Fig. 3. Sprengwerksbrücke für einen
Wirthschaftsweg über dem weichen Einschnitte bei
Machern. (Station 315.)

Taf. XXI, Fig. 4. Hölzerne Bockbrücke für den Weg
von Zeititz nach Machern über den Einschnitt bei
Machern und definitive Wölbbrücke unmittelbar
neben der Holzbrücke, 12° 6″ weit; halbkreisför‑
miges Bruchsteingewölbe mit Eckarmirung und hohen
Stirnen. Schwellrostgründung einschliesslich für die
rechtwinkeligen Flügel. (Station 303.)

Hierüber als Uebergang zu den grösseren Kunstbauten:

Taf. XXI, Fig. 5. Pardaubrücke bei Borsdorf, drei
Oeffnungen zu 10 Ellen, Pfahlroste, bruchsteinerne
armirte Landpfeiler, hölzerne Doppelbockpfeiler im
Flussbett, mit Eisbrechern und Pfostenverschlag,
Sprengwerke mit Sattelhölzern. Durchlaufender
Bohlenbelag.

## Die Ueberbrückung des Muldenthales bei Wurzen.
### (Taf. XXII, Fig. 1—5.)

Das drittgrösseste Bauwerk der Linie ist die Ueberbrückung des Muldenthales bei Wurzen. Veranlasste einerseits die Wahl der Brückenstelle, namentlich in Beziehung zum Wehre der Neumühle am Dorfe Niederschmölen, ein eingehendes Gutachten des mit einem solchen vom Direktorium betrauten Landbaumeisters August Königsdörffer in Dresden (19. September 1835), so wirkte andererseits auch das demselben zustimmende Obergutachten des Hauptmanns und Wasserbaudirektors Kunz vom 26. September 1835 bestimmend auf die Annahme der Brückenstelle dicht unterhalb des genannten Wehres, entgegen einem früheren Gutachten eines „jungen unerfahrenen Architekten", welches ohne Erfolg eine Brücke oberhalb des Wehres empfahl. Letztere stimmte zwar mit der generellen Bahnachsenlage besser überein, wurde aber durch Kunz als „landes- und strompolizeilich zu verbieten" bezeichnet; dasselbe Projekt enthielt eine massiv steinerne Brücke aus zwei Bögen von je 80 Ellen Weite mit einem 15 Ellen starken Mittelpfeiler, hatte statt 2800 nur 1400 Quadratellen Fluthraum und wurde anscheinend durch eine in der westlich benachbarten Niederung hinter einer Dammstrecke anzubringende Landbrücke von 380 Ellen Länge unterstützt, deren Wirksamkeit aber Kunz völlig in Frage stellte. Den eindringlichen Vorstellungen Königsdörffer's und Kunz's gelang es schliesslich, diese obere Linie zu beseitigen.

In seiner Eingabe vom 25. September 1835 veranschlagte Königsdörffer den Bau einer massiven Brücke mit vier steinernen Bögen von 40 Ellen, zwei von 30 Ellen, vierzehn von 24 Ellen Weite mit 180 000 $\mathscr{Rp}$, während er eine Brücke von 685 Ellen Länge, 12 Ellen Breite, 5 Ellen starken Pfeilern, die Strombögen 40 Ellen weit, sämmtliche Oeffnungen mit Holzjochen überspannt, auf 132 910 $\mathscr{Rp}$ berechnete. Das letzte Projekt gelangte zur Ausführung.

Auf bezüglichen Vorschlag des Direktoriums vom 8. Oktober 1835 erging schon am 16. Oktober die Genehmigung des K. Ministeriums des Innern zum Bau des Kunz-Königsdörffer'schen Brückenplanes und zur Erwerbung des Areals im Wege freier Vereinbarung mit den Adjazenten. Das Direktorium kaufte schnellstens 2 Acker 183 Quadratruthen Land für 1073 $\mathscr{Rp}$ 10 $\mathscr{gr}$ Konventionsgeld, pachtete Bauplätze und liess auf eigene Rechnung unter Ausnutzung des günstigen Herbstwetters den Bau beginnen, welcher indessen alsbald nach Feststellung des genauen Kostenanschlages an den Landbaumeister Königsdörffer für 125 000 $\mathscr{Rp}$ verdungen wurde.

1836 standen sämmtliche Pfeiler, mit Glück gegründet, fertig aufgemauert und am 17. August 1837 wurde die Brücke durch den Oberingenieur mit unwesentlichen Vorbehalten als gut und tüchtig ausgeführt übernommen. Diese Vorbehalte bezogen sich auf die noch mangelnde „Vollendung der normalmässigen Senkung der Sprengwerke u. s. w. unter zugehöriger Einrichtung des Geländers in die grade Linie" und auf „den zweimaligen Anstrich des eisernen Geländers mit schwarzem Lackfirniss".

Beschreibung des Bauwerkes. Die Bahn überschreitet das Thal in rechtwinkeliger Lage zum Muldenflusse und die Brücke (Fig. 5, Taf. XXII) besteht, von Leipzig ab gerechnet, aus zwei Oeffnungen von 24 Ellen Weite, vier zu 40 Ellen für den Fluss, zehn zu 24 Ellen über das Vorland zwischen Fluss und Mühlgraben, einer zu 60 Ellen für letzteren und zwei zu 24 Ellen am rechten Ufer. Die vier Gruppenpfeiler sind 12 Ellen, die drei Strompfeiler 7 Ellen, alle übrigen Zwischenpfeiler 4 Ellen stark. Sowohl Gruppen- als Strompfeiler stehen auf Pfahlrost mit umgehender Spundwand, alle übrigen auf Kiesgrund. Die sämmtlichen Pfeiler sind mit Rochlitzer Porphyr- und Sandsteinquadermauerwerk ummantelt, mit Porphyrbruchstein von Wurzen gefüllt und mit Bindeschichten, Vorder- und Hinterköpfen versehen, welche letztere zumeist bis über den höchsten bekannten Wasserstand in einen rechten Winkel auslaufen. Schneiden und Kanten gegen die Strömung sind abgerundet, beziehungsweise verklammert und mit Eisenschienen armirt. Die Holzkonstruktion der kleinen Oeffnungen (Fig. 1 und 2, Taf. XXII) bildete je acht nebeneinanderliegende Sprengwerke; jedes derselben bestand aus den über die Pfeiler heraustretenden und gegen dieselben abgestrebten Sattelhölzern, die ihrerseits wieder auf Mauerhölzern ruhten, und aus dem zugehörigen Tramer, der mit den Unterzügen stark verbolzt war. Die Stromöffnungen und der Mühlgraben wurden mit Bögen (Fig. 3 und 4, Taf. XXII) aus gebogenen Hölzern mit 1 zu 12,5 und 1 zu 15 Stich überspannt, und zwar in gleichem Systeme, wie später bei der Elbbrücke bei Riesa beschrieben ist, indem 5 Paar Doppelbögen, jedes Stück aus sechs verbolzten Kurvenstücken bestehend, mit Zentralsäulen, Zangen, oberem und unterem Kreuzverbande, Sturmstreben und Querträgern solid verbunden und hierauf mit Tramern überlegt wurden. Ein Pfostenbelag deckte die Fahrbahn, ein Pfostenverschlag in bogenförmigem Schnitte deckte die Ansichten, ein Geländer von Schmiedeeisen begrenzte die Fahrbahn.

Der nachstehend erwähnte Mittelpfeiler (Fig. 5, Taf. XXII) im Mühlgraben wurde auf Pfahlrost gegründet, aus Sandsteinquadern 4 Ellen stark, mit Vorder- und Hinterkopf massiv aufgemauert und sodann mit doppelt verstrebtem Tragwerke aus Holz versehen, worauf

1*

noch sechs Reihen nach dem neuen Pfeiler zu gestellte Streben im Innern des 60 Ellen weiten Bogenwerkes einzuziehen waren, um die Abstützung wirksam werden zu lassen.

Bemerkt sei schliesslich, dass die monatlichen Baunachweise der Kompagnie zwar keine Angaben über den Bau der Muldenbrücke enthalten, dass aber irgendwelche Störungen oder Hindernisse ausser der nachstehend erwähnten nicht bekannt geworden sind.

Ein eigenthümlicher Zwischenfall ereignete sich alsbald nach Fertigstellung der Brücke in Bezug auf den 60 Ellen weit über den Mühlgraben gespannten hölzernen Bogen (Fig. 5, Taf. XXII). Veranlasst durch einseitige Belastung infolge der Anlegung des ersten Geleises auf einer Seite der Brücke, ferner durch Kiesaufschüttung — die mit der Bogensenkung verstärkt wurde — und namentlich durch Zunahme des Lokomotivgewichtes von ursprünglich 6 bis 7 tons auf etwa 12, nahmen die Formveränderungen jenes Holzbogens im Frühjahre 1839 dermaassen zu, dass vorläufig stützende Holzjoche und im Herbste 1839 ein 4 Ellen starker Mittelpfeiler eingebaut werden musste, gegen welchen der einheitliche Bogen sachgemäss abzustützen war. Die wegen Zahlung der Baukosten des neuen Mühlgrabenpfeilers entstandenen Meinungsverschiedenheiten gaben zu wenig erquicklichen Darlegungen zwischen Kunz, Königsdörffer und im Direktorium Anlass und endeten schliesslich durch Zusage einer sich bietenden Gegenleistung seitens Königsdörffer's bei einem anderen Akkordbau im Zahlungsfalle. — Die Kgl. Wasserbau-Kommission wies mehrere Beschwerden der Adjazenten über die technische Anlage des Bauwerkes kräftig zurück.

Die Baupreise stellten sich frei Bauplatz bei der Wurzener Brücke folgendermaassen:

#### Materialien zum Mauerwerk.

1 Ruthe Bruchsteine (96 Kubikellen) 16 ℛℊ.
1 Kubikfuss Sandstein in Werkstücken 7,5 𝑔𝑟.
1      dergl.      in Quadern 6,5 𝑔𝑟.
1 Scheffel Graukalk 14 𝑔𝑟.
1 Pfund Cement 2 𝑔𝑟.

#### Arbeitslöhne für Mauerwerk.

1 Kubikfuss Sandstein zu bearbeiten 1 𝑔𝑟.
1 Maurerarbeitstag 9 𝑔𝑟.
1 Handlangertag 6 𝑔𝑟.

#### Holzarbeit und Eisenzeug.

1 Kubikfuss Eichenholz, $^{7}/_{12}$ bis $^{11}/_{12}$'' stark, 8 𝑔𝑟.
1 fichtener Stamm, 20° lang, 18'' am Wipfelende stark, 16 ℛℊ. 18 𝑔𝑟.
1   dergl.   24° lang, 11—12'' desgl.    8 ,, 8 ,,
1   dergl.   24° lang, 9—10'' desgl.    5 ,, 18 ,,
1   dergl.   20° lang, 7—8'' desgl.    2 ,, 15 ,,
1 Pfoste, 8½° lang, 12'' breit, 1½'' stark, 14 𝑔𝑟.

1 Schock Einpfennignägel 5 𝑔𝑟.
1   ,,   8'' lange Schieblingsnägel 1 ℛℊ. 12 𝑔𝑟.
1 Polierlohntag 10 𝑔𝑟.
1 Gesellenlohntag 9 𝑔𝑟.
1 Handarbeitertag 6 𝑔𝑟. 6 ♃.
1 Pfund Eisen in Schraubenbolzen mit Muttern und Unterlagsplatten 3 𝑔𝑟. 3 ♃.
1 Pfund Eisen zu Steinklammern 3 𝑔𝑟.

### Der Viadukt über das Döllnitzthal bei Zschöllau (Oschatz).

#### (Taf. XXII, Fig. 6—9.)

Zur ausgedehnten Anwendung des Viaduktbaues im Döllnitzthale gab die Nothwendigkeit der Durchführung mehrerer einzelner Wege und Wasserläufe und der Döllnitz-Hochwässer, die Schonung des Wiesengrundes und wohl auch die Befürchtung, der Damm möchte an einigen moorigen Wiesenstellen nicht genügenden Grund erhalten, Anlass.

Das unmittelbar östlich vor dem Bahnhofe Oschatz gelegene Bauwerk wurde nach Direktiven des Oberingenieurs von den beiden Baugewerksmeistern Amtsmaurermeister Johann Gottfried Richter in Oschatz und Amtszimmermeister Heinrich Ehrenfried Zschau in Wurzen veranschlagt, auch von beiden Genannten am 30. Juni 1837 zur Ausführung vertragsmässig übernommen. Die Anschlagssumme von 63 255 ℛℊ. 19 𝑔𝑟. Preuss. Kourant begriff in sich die Kosten derjenigen Gründungsarbeiten und Materiallieferungen, welche seitens der Kompagnie bereits vor dem Vertragsabschlusse besorgt worden waren, um den Bau zu beschleunigen; hierher gehörte vorzugsweise das Stossen der Rostpfähle, die drei Ellen unter Tage abgeschnitten wurden.

Der „Anschlag über Erbauung einer Brücke für die Eisenbahn über das Thal bei Zschöllau" kennzeichnet nicht allein die Bauweise der damaligen Zeit, sondern ist auch wegen der später an demselben Bauwerke vorgegangenen seltsamen Wandlungen bemerkenswerth. Das Vorwort des Anschlages lautet wie folgt:

„Diese Brücke ist in 12 elliger Breite auf 734 Ellen Länge in einer Höhe von 16 bis 18 Ellen über der Thalsohle aufzuführen, erhält zwei Uferpfeiler und 24 Mittelpfeiler. Erstere sind oben 6 und 7 Ellen stark und erhalten 13 Ellen lange Strebemauern, welche oben 1½ und 6° stark sind. Die Mittelpfeiler sind oben 4, unten 6 Ellen stark, im Grunde aber 7° stark und 15° lang. Die Kanten und Ecken der Pfeiler werden, die oberen mit ordinären, die Seitenkanten mit 12zölligen Grundstücken eingefasst, die Strebemauern mit 10'' starken Sandsteinplatten abgedeckt.

Die Mauern, welche von Bruchsteinen aufzuführen sind, müssen auf Pfahlrost gegründet werden, der durchschnittlich 3° tief unter der Thalsohle anzunehmen ist. Jeder Mittelpfeiler erhält seiner Breite nach 5, der Länge nach 9, folglich 45, jeder Uferpfeiler nebst Strebemauer der Länge der Brücke nach 15, der Breite nach 9 Grundpfähle von 12 bis

16⁰ Länge, welche so tief einzurammen sind, dass sie auf den letzten 3 Hitzen nicht mehr als einen Zoll eindringen.

Die Brückenbahn besteht aus acht Reihen Tramer von kiefern oder fichten Holz, welche 14″ stark und 10″ breit zu machen sind und an jedem Pfeiler durch zwei Unterhölzer von 21 und 19⁰ Länge und 11 und 10″ Höhe, sowie durch zwei 10″ starke und 8¹/₂⁰ lange Streben unterstützt werden. Letztere sind da, wo sie sich an die Pfeiler stützen, in halbe 18″ starke Quader eingelassen.

Die Tramer werden mit den Unterlagshölzern durch eiserne Schraubenbolzen, unter sich aber durch eichene Zargen und Mauerlatten verbunden. An die Uferpfeiler werden die Enden der Tramer und Unterlagen auf jeder Seite durch vier eiserne 1¹/₄″ starke und 9⁰ tief in die Mauer herabgehende, unten 1¹/₂″ starke eiserne Stangen, oben durch eine 8″ starke eichene Zange verbundene Anker befestigt. Die Brückenbahn erhält ein 3″ starkes eichenes Pfostenbeleg und wird 3″ hoch mit Thon und 9″ hoch mit Steinknack überführt und zu beiden Seiten mit einem hölzernen Geländer versehen.“

Aus dem Vertrage sind folgende Stellen hervorzuheben:

§ 2. Bei dem Stossen des Pfahlrostes übernehmen sie die Verbindlichkeit: nicht eher von einem Pfahle abzugehen, bis er auf einer der letzten Hitzen nur noch die im Anschlage aufgenommene vorschriftsmässige Tiefe von ³/₄ bis 1 Zoll eindringt.

Auch wird als Erläuterung zu dem Anschlage hiermit ausdrücklich hinzugefügt, dass die Kammern zwischen den eingestossenen Langpfählen mit Bruchsteinen und Steinknack verfüllt und ausgemauert werden sollen.

§ 3. Für die nöthigen Räume zur Ablagerung der Materialien, sowie für die erforderlichen Zugänge und Wege zu diesen haben die Herren Kontrahenten selbst zu sorgen, desgleichen übernehmen sie die Beseitigung aller Schädenansprüche, welche die Grundstücksbesitzer in dieser Beziehung künftig formiren könnten. Dahingegen wird nach der Bestimmung des unterzeichneten Oberingenieurs dem Herrn Zimmermeister Z schau ein Theil des planirten Bahnhofes bei Zschöllau auch zur Benutzung für das Abbinden der Holzkonstruktion und für die Zulage zur Brücke für die Zeit des Baues unentgeltlich überlassen werden.

§ 4. Nachdem der Grund eines Pfeilers oder der ganzen Brücke so weit vollendet ist, dass die Pfähle eingestossen, die Schwellen und Zangen aufgebracht und die Kammern verfüllt sind, wird derselbe vor der Abdielung dem Oberingenieur oder in dessen Auftrage dem bauführenden Abtheilungsingenieur zur Revision unterstellt.“

Die im Monat August 1837 begonnenen Pfahlrostarbeiten waren einschliesslich Aufbringung der Schwellroste über den Pfählen bei allen 26 Pfeilern im November 1837 beendet, und Ende December 1837 standen 7 Pfeiler fertig, 19 etwa zur Hälfte aufgemauert. Bis Ende März ruhten die Maurerarbeiten. Ende Mai stand das Mauerwerk sämmtlicher Pfeiler.

Ende September 1838 war das Holzwerk aufgerichtet und der Oberbau aufgelegt, auch der bogenförmige Vorschlag angebracht. Weil aber die Unternehmer vertragsmässig schon am 16. Juli fertig sein wollten und durch

„ausserordentliche, ausser aller menschlicher Berechnung liegende Elementarereignisse, wie Blitzschlag und Erdbeben, oder durch Kriegsunfälle, Zerstörung bei tumultuarischen Volksbewegungen, Aufruhr, erweislichermaassen an der Bauvollendung nicht gehindert worden waren“, so fand sich das Direktorium veranlasst, die bedungene Konventionalstrafe zu erheben.

### Hauptsächlichste vertragsmässige Preise.

Maurerarbeiten, einschliesslich Fuhrlohn, Arbeitslohn, Material, Rüstung.

33 148 Kubikellen Bruchsteinmauer, einschliesslich Material und Rüstung, à 13 𝑔𝑟.
200 Stück 18zollige Quader, 2⁰ lang, à 2³/₄ ℛ𝔭.
50 Schock 12zollige Grundstücke, à 25 ℛ𝔭.
16 Schock ordinäre Grundstücke, à 14 ℛ𝔭.

Zimmermaterial, einschliesslich Fuhrlohn.

16 Stämme zu Tramern für die beiden Endöffnungen, 31⁰ lang, 18″ am Wipfelende stark, à 36 ℛ𝔭.
184 dergl., 28¹/₄⁰ lang, 18″ stark, à 30 ℛ𝔭.
192 dergl., 22⁰ lang, 14″ stark, zu Unterlagshölzern, 8 auf jeden Mittelpfeiler, à 13 ℛ𝔭.
1604 dergl., 24⁰ lang, 9 und 10″ stark, zu Grundpfählen, Grundschwellen, Zargen und Streben, à 3²/₃ ℛ𝔭.
2640 Stück eichene Pfosten, 8⁰ lang, 3″ stark, zur Brückenbahn, einschliesslich Arbeitslohn, à 1²/₃ ℛ𝔭.

Löhne.

5648 Ellen Tramer zu bearbeiten und aufzubringen, à 4 𝑔𝑟.
350 Stück Grundpfähle zu stossen und zu verschneiden, à 3²/₃ ℛ𝔭.
13 440 Kubikellen Torf, Sand und Thon aufzugraben und bei Seite zu karren, à 9 ₰.

### Die Elbbrücke bei Riesa.
(Taf. XXIII, Fig. 1—5.)

Wie schon im Abschnitte „Wahl der Baulinie“ (Seite 103) erwähnt, war die Brückenachse durch James Walker angegeben und durch Oberingenieur Kunz angenommen worden. Eine genaue hydrotechnische Untersuchung der Strom- und Uferverhältnisse wurde bei Wahl der Oeffnungen und Pfeilerstellungen zu Grunde gelegt.

In Erwartung eines Anschlusses von Berlin her gegen Riesa legte man die Fahrbahn 16 Ellen breit an, meinte hierdurch genügende Breite für drei Fahrgeleise vorgesehen zu haben. Ohne diesen Ueberschuss, der seiner ursprünglichen Bestimmung niemals gedient hat, würde die Brücke voraussichtlich weit früher, als geschehen ist, dem Ruin verfallen sein.

Gleichwie bei der Muldenüberbrückung bei Wurzen, im Herbste 1835, betraute das Direktorium auch hier den Landbaumeister Königsdörffer in Dresden mit der Aufstellung des Baukostenanschlages, welcher Vertrauensäusserung derselbe durch Einreichung einer genauen, 32 Bogen starken Ausarbeitung an den Oberingenieur vom 1. November 1836 nachkam. Letzterer durchrechnete und prüfte den Anschlag, der schliesslich auf 258 969 ℛ. 8 𝑔𝑟: 4 ₰. lautete. Das Direktorium schloss unterm 28. Januar 1837 einen auf den Anschlag gegründeten umfänglichen Vertrag mit Königsdörffer ab, in welchem die Akkordsumme mit 266 000 ℛ. festgestellt und der Unternehmer zur Tragung der Kosten aller bisherigen vorbereitenden Arbeiten und Lieferungen verpflichtet wurde.

Im Anschlusse an Bohrversuche des Kondukteurs Sergel in den Pfeilerstellen begannen unter Leitung des Landbaumeisters Königsdörffer Ende August 1836, unerwartet der Feststellung des genauen Anschlags, die Gründungsarbeiten für Rechnung der Kompagnie mit aller erdenklichen Thatkraft und bei einer Belegschaft von etwa 600 Mann. Hierdurch ward es möglich bis zum Eintritt der Spätherbsthochwässer die Pfahlroste zu acht Mittelpfeilern im Strome zu stossen, die Rahmen aufzubringen und einen Theil der Spundwände, sowie der über die ganze Strombreite laufenden Verheerdung fertig zu stellen.

Hierauf ruhten, abgesehen von vorbereitenden Arbeiten auf den Werkplätzen, die Arbeiten bis zum Eintritte niedrigen Sommerwasserstandes im Juni 1837.

Ende September 1837 wurde nur am vierten Pfeiler noch nicht an den Quaderschichten gemauert.

Ende Oktober 1837 wurde an allen Pfeilern gearbeitet; die Mannschaft besteht aus 75 Zimmerleuten, 121 Maurern, 126 Handlangern, zusammen 322 Mann.

Ende December 1837 sind sämmtliche Pfeiler nahezu über Hochwasser aufgemauert.

Am 4. und 11. März 1838 halten die Pfeiler unbeschädigt starke Eisstösse ab. Durch Eissprengung mit fünfpfündigen Pulverkasten und „galvanischer Zündung" war ober- und unterhalb der Pfeiler aufgeeiset.

Im April 1838 begannen die Arbeiten nach viermonatlicher Winterruhe.

Ende Juli 1838 arbeiteten 378 Mann am Mauerwerke, sowie an dem Abbinden und Aufstellen der Richtegerüste und der Hauptbögen.

Ende September 1838 arbeiteten 296 Mann. Sämmtliche Pfeiler sind bis zur Simsschicht fertig; das Holz zu sämmtlichen Bögen und Richtegerüsten ist abgebunden. Unter den Bögen Nr. 8 bis 10 sind die Richtegerüste weggenommen, die Bögen selbst zum Theeren fertig.

Bis Ende December 1838 arbeiteten 267 Mann; auf allen 11 Pfeilern liegt die Simsschicht. In allen zehn Bögen sind die Kurvenhölzer eingespannt und ist die untere, mittlere und obere Horizontalkreuzverstrebung eingebracht. — Auf die zehn Bögen sind die 13 Reihen Strassenbäume aufgekämmt und 4 Reihen Spannriegel zwischengezogen. Strassenbäume,

obere Horizontalkreuze und Spannriegel sind mit Zinkblech belegt; fast die ganze Brücke mit Pfosten. Sämmtliche Richtegerüste waren beseitigt. Für 1839 blieben nur noch Nacharbeiten, hierunter auch die mit der Absicht der Abdichtung der Fahrbahn angeordnete Aufbringung eines „Thonschlages".

Am 20. März 1839 wurde die Brücke übernommen und nur für zwei anstatt, wie ursprünglich gedacht, drei Geleise benutzt.

Bei der Uebernahme ordnete der Oberingenieur Folgendes auf Grund von Thatsachen an:

1) den erwähnten Thonschlag anstatt des im Anschlag vorgesehenen bossirten Pflasters zwischen den Schwellen fortbestehen zu lassen (derselbe ist später beseitigt worden);

2) die vorspringenden Kanten der dem Eisstoss ausgesetzten Pfeilervorköpfe mit starkem Eisenbeschlage zu bewaffnen (Pfeiler II bis X);

3) eine theilweise Verdichtung und Befestigung des Strombettes vor den dem Stromandrange am meisten ausgesetzten Zwischenpfeilern durch einen Einbau, bestehend aus tief eingestossenen Pfählen mit Hinterfüllung von Bruchsteinen (Pfeiler II bis VII) anzubringen.

Erheblichere Beanstandungen und Aenderungen gegenüber dem Voranschlage traten nicht ein, vielmehr legte das fertige Bauwerk, nach dem Maassstabe des dermaligen Standes der Brückenbautechnik in Deutschland, Zeugniss ab für die Thatkraft und Sachkenntniss des Erbauers Königsdörffer und für die Brauchbarkeit seines Systems der hölzernen Brückenbögen mit eingespannten Kurvenhölzern zur Tragung derjenigen Belastungen, welche man damals für den Eisenbahnbetrieb sich vorzustellen pflegte.

### Der Viadukt bei Röderau.
#### (Taf. XXIII, Fig. 6—8.)

Insofern das rechtseitige Uferland der Elbe zwischen der Elbbrücke bei Riesa und den etwa 2700 Ellen vom Uferrande entfernten höher gelegenen Sandhügeln am Dorfe Röderau zum grössten Theile Ueberschwemmungsland und nur durch eine Erhebung in zwei nahezu gleiche Theile getrennt ist, erschien es bedenklich, dem Laufe der Hochwässer, welcher durch den an die Strombrücke rechts anschliessenden Damm bereits auf die kleinere Hälfte der bisherigen Breitenausdehnung zusammengedrückt werden sollte, auch die zweite weiter östlich gelegene Tieflage zu versperren; demzufolge wurde — zugleich in Uebereinstimmung mit einigem Vortheile für die Dammbodenbeschaffung — die Erbauung eines Viaduktes über jene zweite Tieflage beschlossen. Gleichwie bei der

Elbbrücke wählte man auch hier die anscheinend für drei Geleise ausreichende 16ellige Fahrbahnbreite wegen Erwartung des Anschlusses von Berlin her gegen Riesa.

Beschreibung und Baupreise des ohne künstliche Gründung auf Sand und Kies errichteten Bauwerkes sind durch folgende Originaltexte gegeben:

„Die Brücke ist von Uferpfeiler zu Uferpfeiler 1134 Ellen lang und durchgängig 16 Ellen im Lichten der auf beiden Seiten der Brücke befindlichen Geländer breit.

Sie erhält ausser den genannten zwei Uferpfeilern 62 steinerne Mittelpfeiler, die von Mitte zu Mitte 18 Ellen weit auseinanderstehen und im Grunde 4, bis zu der Höhe der Sprengstreben 3 und bis zur Mauergleiche 2 Ellen stark sind.

Die Pfeiler sind, und zwar vom 29. bis 62. Pfeiler, von Bruchsteinen gegründet und an den Vorderpfeilern in jeder Grundschicht mit vier Sandsteinquadern verstärkt, was bei den Pfeilern 1 bis 28 nicht stattfindet. In der übrigen Höhe sind die Pfeiler von Sandsteinquadern im Laufer- und Streckerverband mit Durchbindern, die unter sich durch eiserne Steinklammern befestigt, erbaut und haben bis zur Höhe des 9 Ellen über dem Riesaer Elbnullpunkte angenommenen höchsten Wasserstandes rechtwinkelig verbrochene Köpfe, so wie es, ebenso wie für die Steinverbindungen jeder einzelnen Schicht, Zeichnung und Anschlag nachweist.

Der Raum zwischen den Sandsteineinfassungen der Pfeilerkörper wird mit guten lagerhaften Bruchsteinen ausgemauert und schichtenweise mit Kalk ausgegossen.

Die Uferpfeiler erhalten rechtwinkelig angesetzte Strebemauern von Bruchsteinen, die sich in der Stärke von $4\frac{1}{2}$ bis zu 1 Elle absatzweise verjüngen und mit sandsteinernen Simsplatten abgedeckt werden.

Die Brückenbahn, welche auf 300 Ellen Länge 1 Elle Fall hat, besteht aus 13 Tramern von 10 Zoll ins □ Höhe, von fichtenem Holze, die durch ein einfaches Sprengwerk — und zwar einer um den andern —, also sieben Hauptbinder — und durch fichtene, 12 Zoll ins □ starke Unterzüge — insgesammt unterstützt werden.

Diese Unterzüge sind durch eiserne Schraubenbolzen an die Tramer angehangen und in den erwähnten sieben Hauptbindern durch 10 und 12 Zoll haltende, 6 Ellen lange, unmittelbar in besonders hierzu ausgespitzte Quader, an den Hirnseiten mit Blei gefütterte, eingesetzte Sprengstreben von fichtenem Holze gesprengt.

Die Tramer sind auf jedem Pfeiler auf zwei mit den Mauerflächen bündig liegende, 6 Zoll ins □ haltende Mauerlatten auf Eichenholz aufgekämmt.

Auf die Tramer kommt ein Pfostenbelag von 3 Zoll starken und 12 Zoll breiten eichenen Pfosten, mit 8 und 10 Zoll haltenden Strassenbäumen von Fichtenholz, die zu Abweisung des Wassers fichtenen Pfostensims erhalten und mit eichenen Pfosten abgedeckt werden.

Auf den Pfostenbelag wird eine 3 Zoll starke Thonsohle aufgebracht und auf diese die Brückenbahn von Kies und Steinknack, sowie es der Oberbau erfordert, hergestellt, wobei zu Abführung des Tagewassers die nöthigen Gerinne zu pflastern und Ausgussröhren von Zinkblech, auf jedes Brückenglied vier, je zwei und zwei auf einer Seite, anzubringen sind.

Das Geländer besteht aus 2 Ellen hohen, 3 Ellen 14 Zoll im Mittel von einander entfernten Geländersäulen, auf denen ein 8 Zoll hoher Holm aufgezapft ist, und ist ein Mal verriegelt.

Die Brückenglieder werden, nach dem in der Zeichnung angegebenen Bogen, mit Spündebretern verschlagen. Sämmtliches Holzwerk ist zweimal zu theeren.“

Der Bau ging unterm 14. April 1838 an den Rathsmaurermeister J. Gottfried Richter aus Oschatz in Verdingung aus freier Hand für 77 700 ℛℳ über und verlief planmässig, so dass die im April 1838 begonnenen Arbeiten, welche bis zu 288 Mann täglich beschäftigten, bereits am Jahresschlusse im Wesentlichen beendet waren.

## Der Tunnel bei Oberau.
### (Taf. XXIII, Fig. 9—12.)

James Walker hatte in seinem Gutachten über die Bahntrace als Folge der Festhaltung des Höchstneigungsverhältnisses 1 : 200 auch die Durchschneidung einer bei Oberau in Richtung quer zur Bahn vorliegenden, bis zur Elbe bei Meissen sich erstreckenden, daher nicht umgehbaren Höhenzuge mittelst eines Tunnels von 1600 Ellen Länge vorgesehen, um die Ausschachtung von mindestens 2 800 000 Kubikellen unverwendbarer „sprengbarer“ Felsenmassen zu sparen, die bei einer Einschnittstiefe bis zu mindestens 34 Ellen über Bahnplanie lagern sollten. Obwohl man bei der genaueren Bearbeitung die Tunnellänge bis auf 904 Ellen abkürzte, konnte man sich — theilweise bestärkt durch die schwierigen Arbeitsverhältnisse im Einschnitte bei Machern während des Sommers 1836 — doch nicht entschliessen, zum „offenen Einschnitt“ überzugehen und die Neigungsverhältnisse hiernach fernerweit zu ändern. Ohne fremde Beeinflussung hätte Sachsen vielleicht seinen längsten Tunnel nicht erhalten.

Eine der ersten Arbeiten des bauführenden Oberingenieurs war die Feststellung des Tunnelprofils unter Annahme von 12⁰ 4″ Sohlenbreite, 13⁰ 4″ Breite in 4⁰ 6″ Höhe über Sohle und 10⁰ 20″ lichte Höhe bis zum Scheitel eines Halbkreises.

Den altbewährten sächsischen Bergbau zur Ausführung des Baues zu Hülfe zu nehmen, lag nahe; die Bergbehörden halfen gern und entsandten nicht nur als Bauführer den Obersteiger Carl Gottfried Schneider von Freiberg, sondern liessen auch durch einen höheren Beamten dessen Bauführung zeitweilig zu mehrerer Sicherheit eingehend prüfen. Die Kompagnie aber hat ihr Vorgehen bezüglich der Verwendung sächsischer Bergleute ohne fremde Beihülfe nicht bereut, denn der Bau ist ohne nennenswerthe Unfälle mit Eifer und Thatkraft in verhältnissmässig kurzer Frist dauerhaft und tüchtig ausgeführt worden, und der Obersteiger Schneider galt selbst für technisch höhergebildete Tunnelbauführer späterer Jahrzehnte als nachahmungswerthes Beispiel erfahrungsreicher Sachkenntniss und lebendiger Pflichttreue.

Anlässlich des Tunnelbaues wurden auf Oberauer

Flur seitwärts vom westlichen Tunnelvoreinschnitte eine Schmiede, ein Bethaus nebst Werkstatt, ein Huthaus, ein Zimmerschuppen und über dem Tunnel ein Maschinenhaus erbaut.

Die Bauweise ergab sich von selbst nach herkömmlichem bergmännischen Verfahren und gründete sich hier auf folgende Anordnung. Vier „Lichtschächte" wurden lothrecht in der Tunnelachse geteuft und durch eine in der Tunnelsohle hinlaufende „Rösche" (den Sohlenstollen) verbunden. Von den Schächten ausgehend nach Ost und West begann alsbald nach dem Vortriebe der Rösche der Ausbau der „Hauptörter" mittelst trapezförmiger Erweiterung über dem Sohlenstollen und Einsetzens eines zweiten Thürstockes über der Rösche. Die Röschen-Auszimmerung bildete daher gemeinsam mit der überstehenden trapezförmigen Thürstock- und Getriebe-Zimmerung den Ausbau des allmälig vorschreitenden Vollausbruches, welchem die Auswölbung folgte.

Diese Tunnelbauweise mittelst Sparrenthürstockzimmerung gab die Anregung für die im Gegensatze zur englischen und belgischen Methode in Zukunft allgemeiner angewandte sogenannte österreichische Methode, welche durch Erfahrung und Nachdenken weitere Ausbildung erfahren hat. Beim Bau des ersten österreichischen Tunnels an der Weinzettelwand am Semmering hielt man für rathsam, sächsische Bergleute herbeizurufen, die bei Oberau gearbeitet hatten.

Der erste Schacht und lothrecht unter ihm der erste Hauptort lag etwa 100 Ellen vom späteren Westportale entfernt; der zweite Schacht folgte mit 200 Ellen, der dritte und vierte Schacht mit je 300 Ellen Abstand. Die Normaltiefen unter der „Hängebank" betrugen $28^0$, $29^0$, $34^0$ und $28^0$ bei einer Weite jedes Schachtes von 5,5 zu 4 Ellen; die vier Schächte wurden mit einer Belegschaft von drei Steigern und 230 bis 250 Bergleuten nach sechsmonatlicher Arbeit vom Februar bis August 1837 nahezu gleichmässig niedergebracht. Erwartetermaassen war die Wasserbewältigungsarbeit nicht unbedeutend; man verwendete für die wasserreichsten Schächte Nr. 1 und 2 zusammen eine achtpferdige Dampfmaschine, welche (von Friedrich Harkort in Wetter an der Ruhr) anzuschaffen und zu montiren 3200 $\mathscr{R}_{\!f}$ kostete und für den Schacht täglich 7 $\mathscr{R}_{\!f}$ 8 $gr.$ Betriebsaufwand verlangte, gegenüber 20 $\mathscr{R}_{\!f}$ Pumperlohn, der ohne Dampfmaschine nöthig gewesen wäre. Im Schachte Nr. 1 war nach der Niederbringung bis zur Stollensohle der Wasserzudrang für die Minute 4 Kubikfuss, im Schachte Nr. 2 aber 7, in den übrigen nur $2\frac{1}{2}$ und 1 Kubikfuss.

Mit der vollendeten Teufung ging man im September 1837 zum Vortrieb der Rösche und darnach auch der Hauptörter über.

Die Belegschaft wuchs hierdurch auf 2 Untersteiger, 2 Zimmersteiger, 1 Schmiedesteiger, 1 Registerschreiber, 1 Hutmann und 412 Bergleute. Mit dem Durchschlage der Rösche gegen Osten im Februar 1838, gegen den bereits genügend ausgeschachteten Voreinschnitt hin, trat das natürliche Gefälle der Tunnelsohle $= 1:250$ an Stelle künstlicher Wasserhaltung in Wirksamkeit.

Durch „Ueberschiessen" von der Rösche aus legte man zum Zwecke der Baubeschleunigung im Mai 1838 noch einen „Hauptort" an; zugleich stieg die Belegschaft auf 1 Werkmeister, 2 Untersteiger, 1 Schmiedesteiger, 2 Zimmerpoliere, 1 Schreiber, 1 Hutmann, 620 Berg- und Förderleute, worunter 40 Berg- und Tagemaurer.

Im September war die ganze rohe Tunnellänge von vorläufig 870 Ellen aufgehauen und beziehentlich ausgebaut.

Die Wölbung in Quadern und Grundstücken aus Schandauer Sandstein begann im Mai 1838 vom vierten Schachte aus „in West" und erstreckte sich zumeist auf vier Arbeitsstellen gleichzeitig und in solchem Vorschreiten, dass im Oktober der vierte, im Dezember der erste Schacht von der Zimmerung befreit und zugestürzt werden konnten, während der zweite und dritte als „Licht- und Luftschlotte" belassen und ausgewölbt wurden. Am Jahresschlusse 1838 waren noch etwa 250 Ellen Seitenstösse und 400 Ellen Kappe rückständig und die Belegschaft bestand noch aus 1 Werkmeister, 2 Untersteigern, 3 Zimmerpolieren, 1 Schreiber, 1 Hutmann, 687 Berg-, Zimmer- und Förderleuten, Maurern, Handarbeitern und Handwerkern.

Im ersten Halbjahre 1839 sind die rückständigen Arbeiten einschliesslich der Ausmauerung der zwei Lichtschächte und des Ansetzens der Portale — letztere mit reicher Sandsteinarbeit geziert — im Wesentlichen beendet worden.

Die Gesammtleistung ausschliesslich der Portale umfasste:

166 000 Kubikellen bewegte Ausbruchmassen,
49 000 Kubikellen Mauerwerk,
28 800 Quadratellen innere Wölbfläche,
12 700 Stück Sandsteinquader, 1 Elle im Geviert, $1\frac{1}{3}$ bis 2 Ellen lang,
2 350 Schock 12zollige Grundstücke,
9 300 Scheffel Kalk,
2 400 Stämme Holz von 10 bis 24 Zoll Stärke am Fussende.

Grosse Hindernisse bereitete der Eisstand des Elbstromes, wegen der Herbeischaffung des Steinwerkes aus dem Elbthale bei Schandau nach den Ausschiffungsplätzen bei Meissen und Spaar, so dass, als im strengen Winter 1838 und 1839 diese Steinbeschaffungsweise dauernd stillstand, viele Quader von Schandau nach Dresden auf der Strasse und von da auf dem fertigen Bahngeleise nach Oberau gefahren werden mussten.

Die Baukosten sind noch heute bis in die kleinsten Beträge zu verfolgen, können aber hier als zu umfänglich nur im Grossen wiedergegeben werden. Der fehlende genaue Kostenanschlag wurde somit durch einen Kostennachweis ersetzt. Grundsatz für alle Leistungen war auch hier das Leute-Gedinge, wie bezüglich der bergmännischen und der Maurerarbeiten aus den als Beispiel gewählten nachstehenden Monatsnachweisen zu entnehmen ist.

## Tunnel.

### Anfahrendes Personal:
1 Obersteiger, 1 Werkmeister, 2 Untersteiger, 1 Schmiedesteiger, 493 Berg-, Zimmer- und Förderleute u. s. w.

### Ortsbetrieb.

| Benennung der Oerter | Belegung der Oerter | Dimensionen | | | | Verdingungspreis für die laufende Elle inkl. Pulver und Zimmerung | Im Monat August aufgefahrene Länge | Daraus erhaltene Gebirgsmasse | Erreichte ganze Länge des Ortes | | Gebirgsart | Verdienst der Häuer in 12 Stunden | | |
| | | Weite | | | Höhe | | | | In der Firste | Auf der Sohle | | | | |
| | | Obere | Mittlere | Untere | | | | | | | | | | |
| | Mann | Ellen | Ellen | Ellen | Ellen | Rg. | Ellen | Cub.-Ell. | Ellen | Ellen | | Rg. | gr. | δ. |
| Ort in Ost | 43 | 7 | 17 | 17 | 13 | 80 | 21 | 3696 | 375 | 353 | In der Firste 2 Ellen aufgelöst, dann fester Pläner | — | 21 | 5 |
| Ort in West | 44 | 7 | 17 | 17 | 13 | 70 | 22 | 3872 | 46 9 | 452 | do. | — | 21 | 6 |
| Summa | — | — | — | — | — | — | — | 7568 | 844 | 805 | | — | — | — |

### Mauerung.

| Ort der Mauerung | Belegung | Gewölbstärke | Verdingungspreis für die Quadratelle | | Im Monat August aufgeführtes Gewölbe | In Summa aufgeführtes Gewölbe | Im Ganzen geschlossenes Gewölbe | Anstossendes, noch nicht geschlossenes Gewölbe bei einer | | Ganze Länge des Gewölbes auf der Sohle | Verdienst der Maurer in 12 Stunden | | |
| | | | | | | | | Höhe von | Länge von | | | | |
| | Mann | Ellen | Rg. | gr. | □ Ellen | □ Ellen | Ellen | Ellen | Ellen | Ellen | Rg. | gr. | δ. |
| Vom 2. Schacht 101 Ellen in West . . . . | 48 | 1 | — | 18 | 806 | 1392 | 30 | 6 | 24 | 72 | — | 11 | 8 |
| Vom 3. Schacht 8 Ellen in West . . . . | 30 | 1½ | 1 | — | 244 | 624 | 6 | 6 | 24 | 48 | — | 11 | |
| Vom 3. Schacht 235 Ellen in Ost . . . . | 28 | 1 | — | 18 | 475 | 1248 | 30 | — | — | 48 | — | 11 | |
| Summa | — | — | — | — | 1525 | 3264 | 66 | — | 48 | 168 | — | — | — |

### Grundriss.

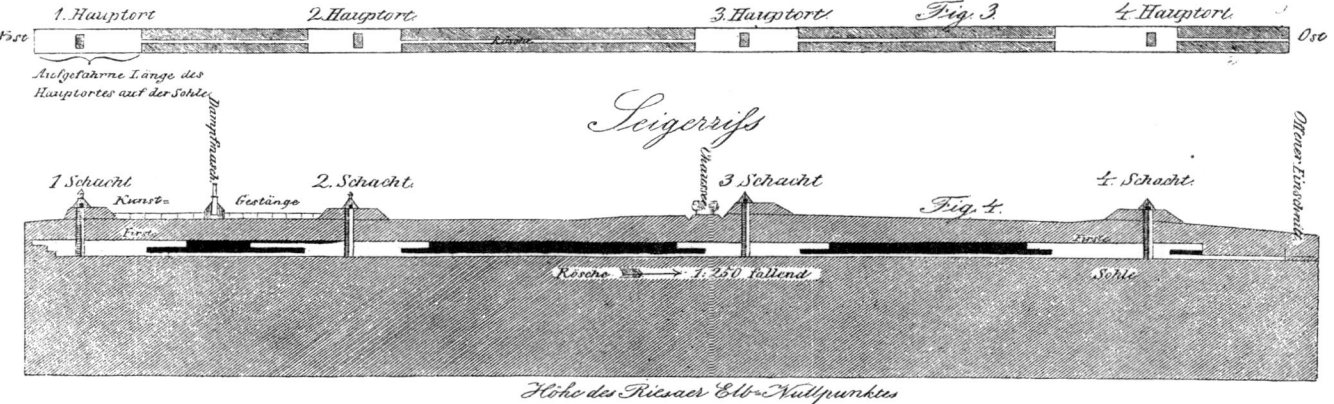

Nach Ausweis der Rechnungsablage des Obersteigers vom 12. Oktober 1839 setzen sich die Kosten wie folgt zusammen:

| | | |
|---|---|---|
| Pos. 1. Schacht Nr. 1 | 5 286 $\mathscr{R}$. 11 $gr$. 3 $\delta$. |
| „ 2. „ „ 2 | 10 393 „ 16 „ 6 „ |
| „ 3. „ „ 3 | 9 588 „ 17 „ 2 „ |
| „ 4. „ „ 4 | 4 036 „ 6 „ 10 „ |
| „ 5. Die Rösche | 13 109 „ 18 „ 4 „ |
| „ 6. Der Tunnel. | |

| | | |
|---|---|---|
| Häuerarbeit { Löhne | 70 814 „ 5 „ — „ |
| Gezäh, Pulver, Material | 2 350 „ — „ — „ |
| Zimmerung { Löhne | 16 189 „ 9 „ 6 „ |
| Holz u. a. Material | 14 110 „ — „ — „ |
| Förderung { Löhne | 28 225 „ 6 „ — „ |
| Material | 2 988 „ 4 „ 8 „ |
| Mauerung { Löhne und Sandstein | 121 128 „ 7 „ — „ |
| Holz, Kalk u. a. Material | 13 499 „ 13 „ — „ |
| Andere Ausgaben | 8 248 „ — „ 11 „ |

Sa. per se Pos. 6. Tunnel: 277 552 $\mathscr{R}$. 22 $gr$. 1 $\delta$.

Sa. im Ganzen: 319 967 $\mathscr{R}$. 20 $gr$. 2 $\delta$.
Hiervon Abzug für verwerthete Materialien 6 416 „ 4 „ 5 „
Sa. bisher: 313 551 $\mathscr{R}$. 15 $gr$. 9 $\delta$.
Hierzu die Kosten der Portale (Fassaden) 16 813 „ 1 „ 8 „
Summa der wirklichen Kosten: 330 364 $\mathscr{R}$. 17 $gr$. 5 $\delta$.

Einzelne Preisangaben. Hauptsächliche Löhne für 12stündige Schichten und die Materialpreise.

Löhne.
1 Untersteigerschicht 1 $\mathscr{R}$.
1 Doppelhäuerschicht 16 $gr$.
1 Grenzhäuerschicht 18 $gr$.
1 Zimmerlingsschicht 18 $gr$.
1 Bergmaurerschicht 18 $gr$.
1 Schmiedeschicht 18 $gr$.
1 Lehrhäuerschicht 14 $gr$.
1 Grubenjungenschicht 10, 6 und 5 $gr$.
1 Werkmeisterschicht 1 $\mathscr{R}$. 4 $gr$. (bei der Mauerung und Zimmerung).
1 Zimmerpolierschicht 20 $gr$.
1 Kunstarbeiterschicht 15 $gr$. 7 $\delta$.
1 Tage-Zimmermannsschicht 10 $gr$. (über Tage).
1 Tage-Maurerschicht 9 bis 10½ $gr$.
1 Maschinenwärterschicht 10 $gr$.
1 Tagelöhnerschicht 8 $gr$.

Materialpreise.
1 gewöhnlicher Sandstein-Wölbquader, 1⅓° lang, 24° stark, an der Oberelbe zu brechen 10 $gr$.
1 dergl. zu verschiffen bis Meissen durchschnittlich 12 $gr$.
1 dergl. ab Elbufer zur Baustelle zu fahren in der Regel 8 $gr$.
1 dergl. zu bearbeiten 7 $gr$.
1 Quadratelle Gewölbe aufzuführen 18 $gr$. bis 2 $\mathscr{R}$.
1 Schock 12zollige Sandsteingrundstücken an der Oberelbe zu brechen 4½ $\mathscr{R}$.
1 dergl. bis Meissen zu verschiffen 2½ bis 5 $\mathscr{R}$.
1 dergl. ab Elbufer zur Baustelle zu fahren in der Regel 3 $\mathscr{R}$.
1 dergl. zu bearbeiten durchschnittlich 4⅓ $\mathscr{R}$.
1 Scheffel Kalk von Weinböhla frei Baustelle 10 $gr$.

Gedinge.
1 Längselle Rösche im Gedinge aufzufahren, einschliesslich Pulver, 3½ bis 7 $\mathscr{R}$.
1 Längselle Tunnel, 17° weit, 13° hoch, aufzufahren, einschliesslich Pulver, 45 bis 100 $\mathscr{R}$.

Geognostische Aufschlüsse sind dem Tunnelbau mehrfach zu verdanken gewesen, indem das auf der Grenze von Porphyr und Granit den ersteren eigenthümlich überlagernde Grundgestein — das ist der untere Pläner oder Plänermergel der Kreideformation — vielfach gewechselt hat mit Grünsand und konglomeratartigem Plänersandstein, sowie mit Kalkstein, Gneis- und Granitbildungen. (Vergl. Geinitz, Charakteristik der sächsischen Kreideschichten. 1839. Seite 337 und 455.)

Den Freunden fachmännischer, rein empirischer Baubeschreibungen mag an dieser Stelle die von dem Obersteiger und späteren Ingenieur bei der Leipzig-Dresdener Eisenbahn C. G. Schneider selbst verfasste „Beschreibung des Tunnels der Leipzig-Dresdener Eisenbahn (Romberg's Zeitschrift für praktische Baukunst, Jahrgang 1843)" bestens empfohlen sein, weil dieselbe vermöge ihrer urwüchsigen, dem sächsischen Bergmannswesen entsprossenen Darstellungen des gesammten Bauvorganges und der geognostischen und mineralogischen Aufschlüsse bis in die geringsten Einzelheiten ein aussergewöhnlich lebendiges und lehrreiches Bild jenes ersten grösseren deutschen Eisenbahntunnelbaues giebt.

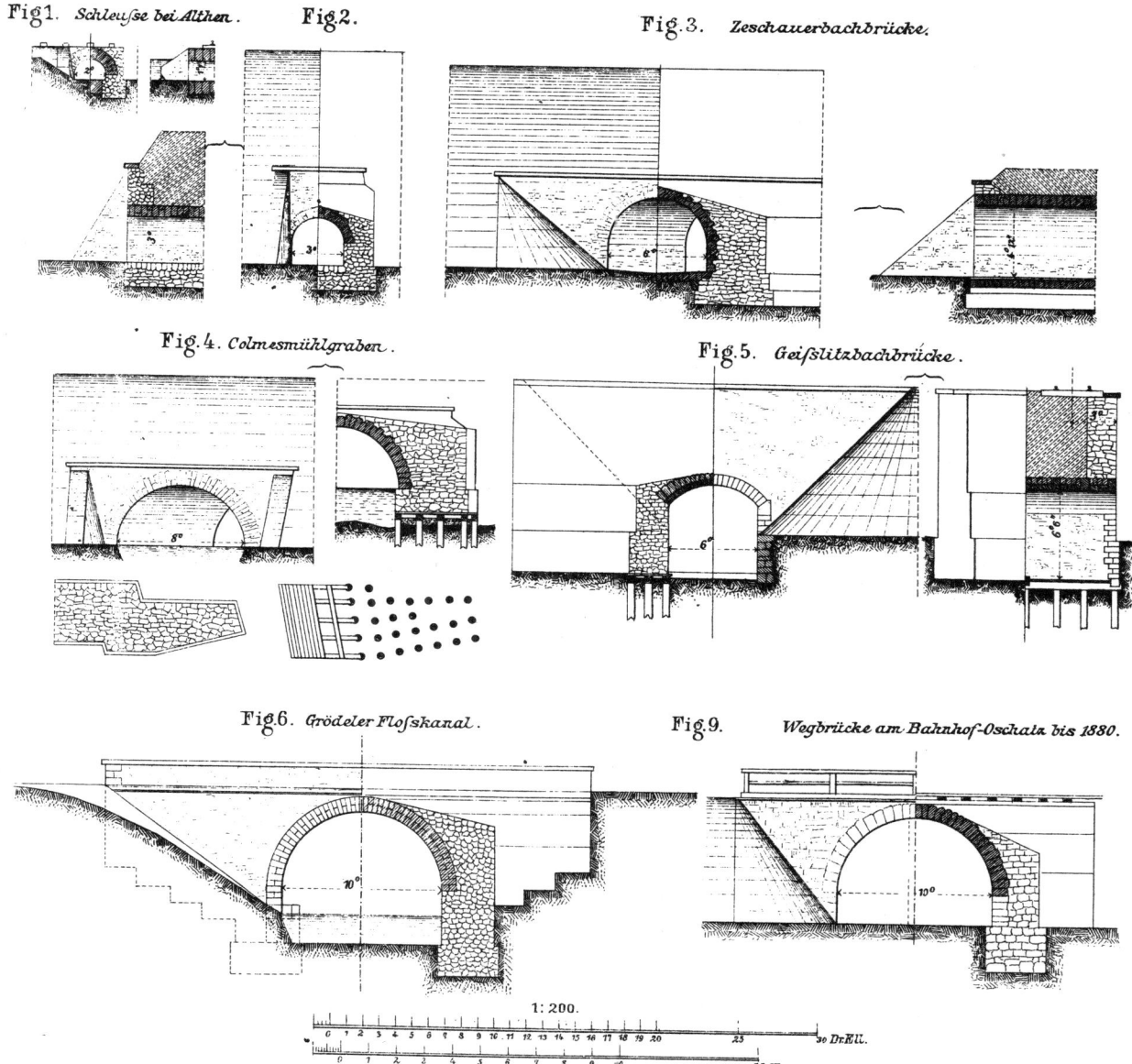

Fig1. Schleuße bei Althen.

Fig.2.

Fig.3. Zeschauerbachbrücke.

Fig.4. Colmesmühlgraben.

Fig.5. Geißlitzbachbrücke.

Fig.6. Grödeler Floßkanal.

Fig.9. Wegbrücke am Bahnhof-Oschatz bis 1880.

1:200.

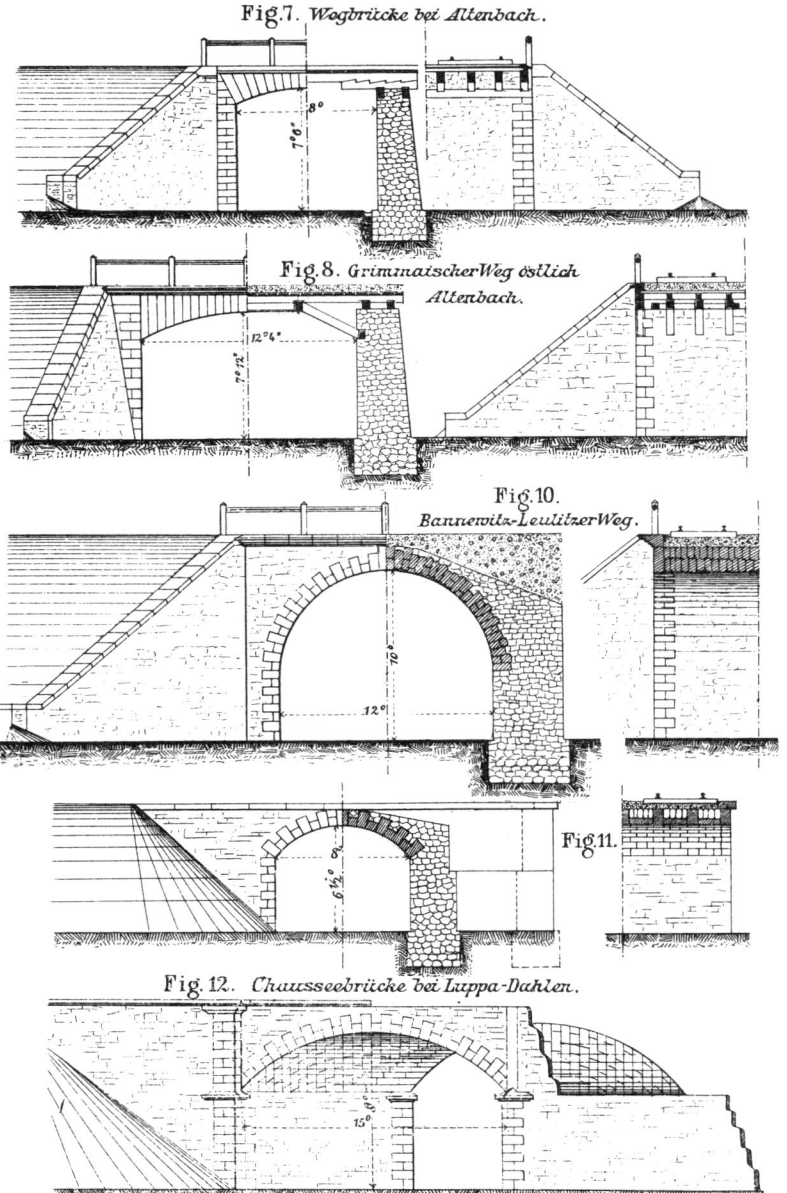

Fig. 7. Wegbrücke bei Altenbach.

Fig. 8. Grimmaischer Weg östlich Altenbach.

Fig. 10. Bannewitz-Leulitzer Weg.

Fig. 11.

Fig. 12. Chausseebrücke bei Luppa-Dahlen.

Fig. 1. *Meissen-Moritzburger Weg.*

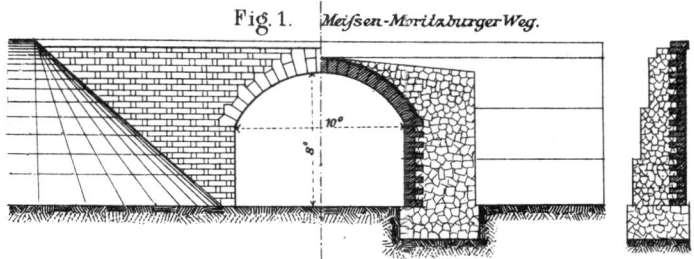

Fig. 2. *Schiefe Brücke bei Trachau.*

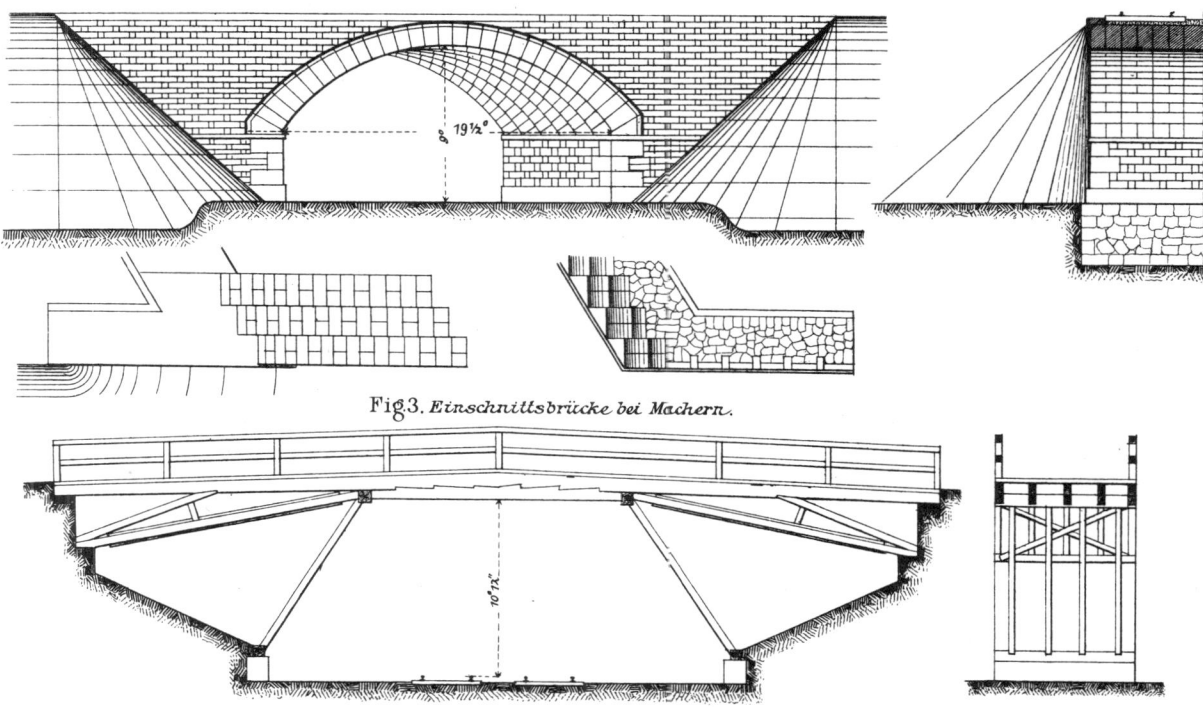

Fig. 3. *Einschnittsbrücke bei Machern.*

Fig. 4. *Einschnittsbrücke bei Machern mit Angabe des späteren Massivbaues.*

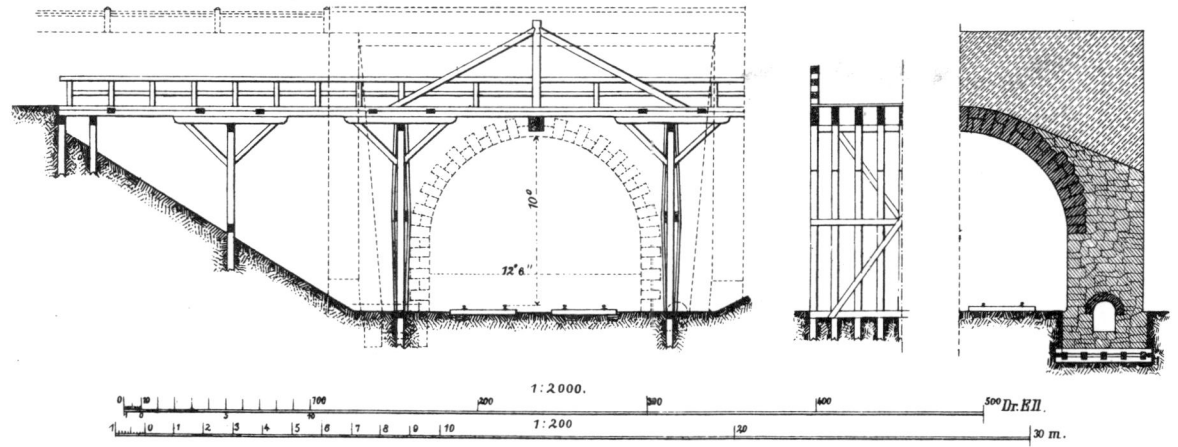

1:2000.

1:200.

Dr. E II.

30 m.

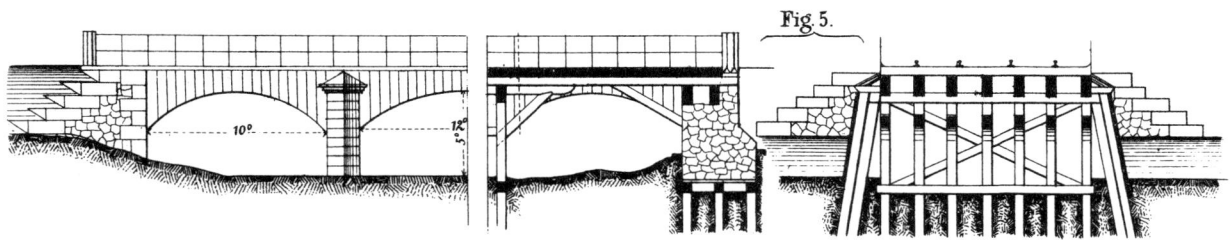

Fig. 5.

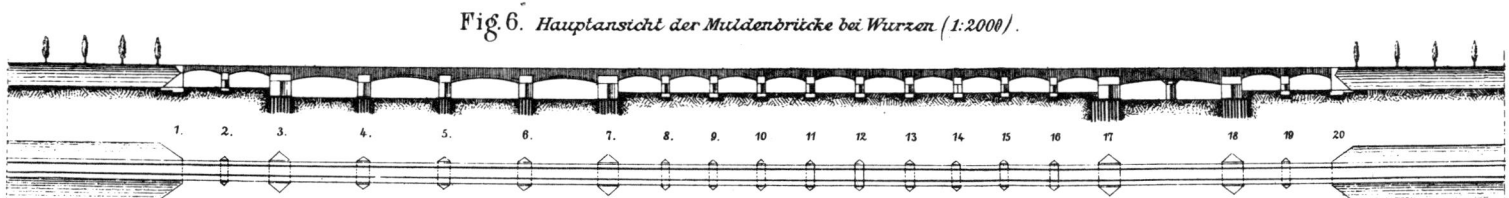

Fig. 6. *Hauptansicht der Muldenbrücke bei Wurzen (1:2000).*

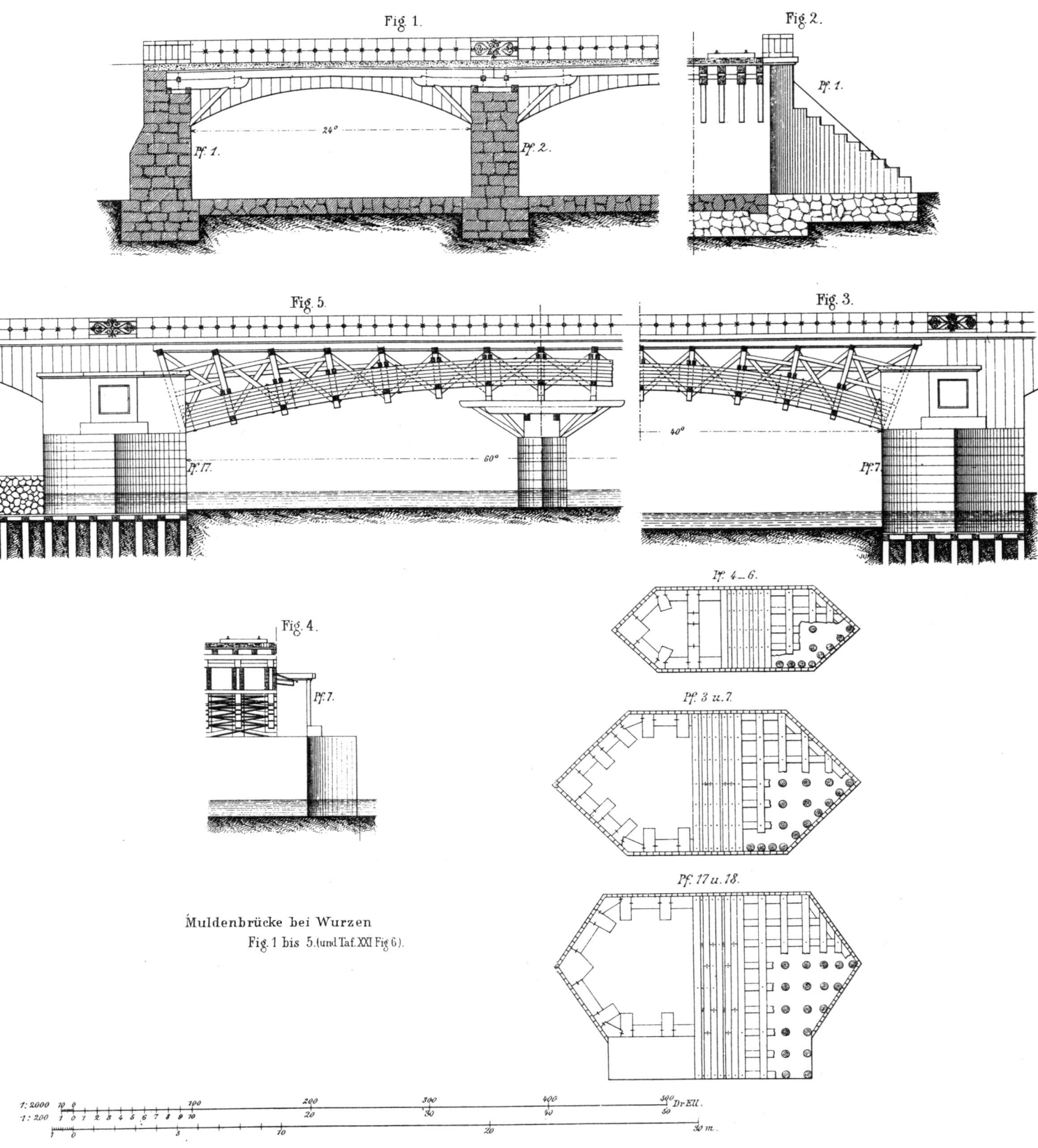

Fig. 1.

Fig. 2.

Fig. 5.

Fig. 3.

Fig. 4.

Muldenbrücke bei Wurzen
Fig. 1 bis 5. (und Taf. XXI Fig 6).

Fig. 6.
*Viadukt Zschöllau i. J. 1839  1:2000, Details 1:200.*

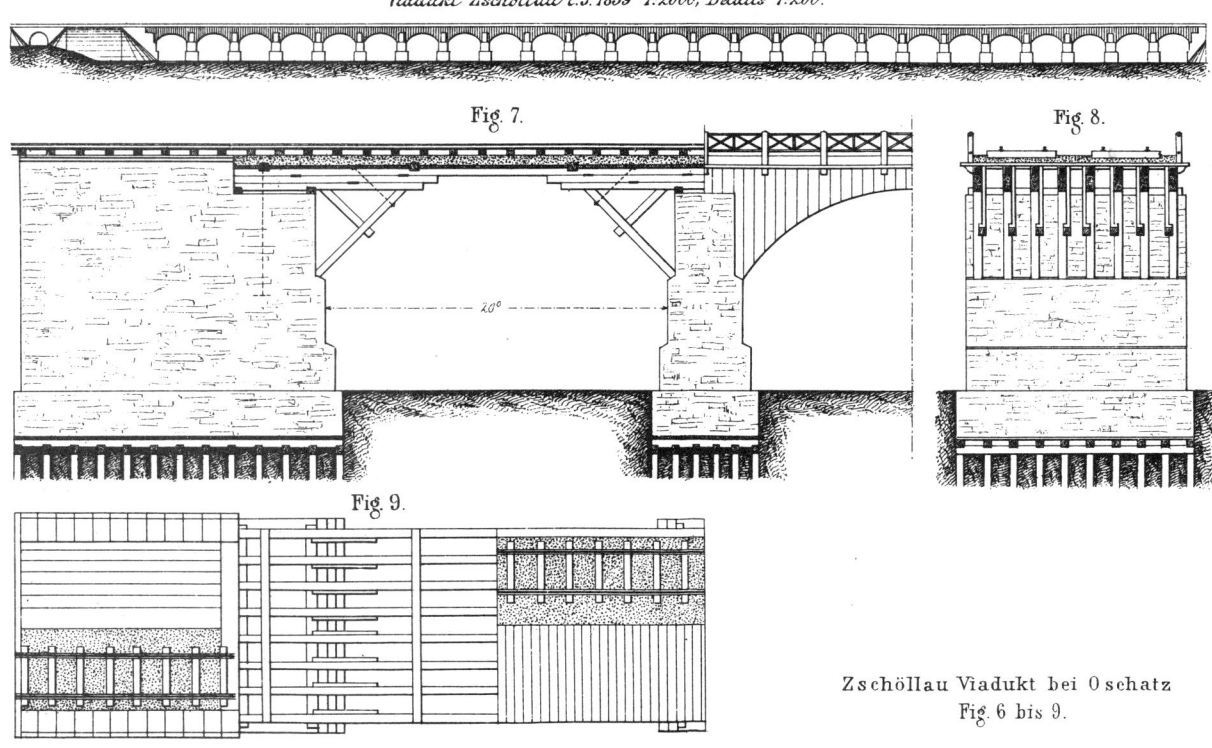

Fig. 7.

Fig. 8.

Fig. 9.

Zschöllau Viadukt bei Oschatz
Fig. 6 bis 9.

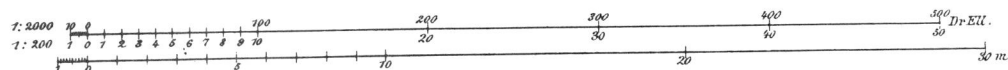

Fig. 1. *Elbbrücke bei Riesa i. J. 1839 (Längsansicht 1:2000).*

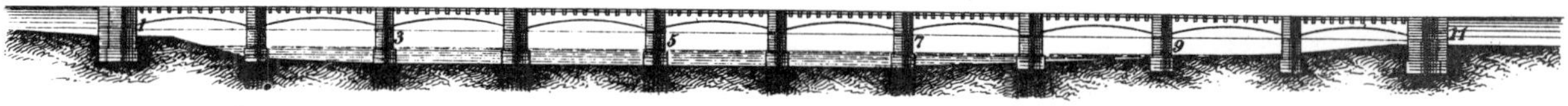

Fig. 3.

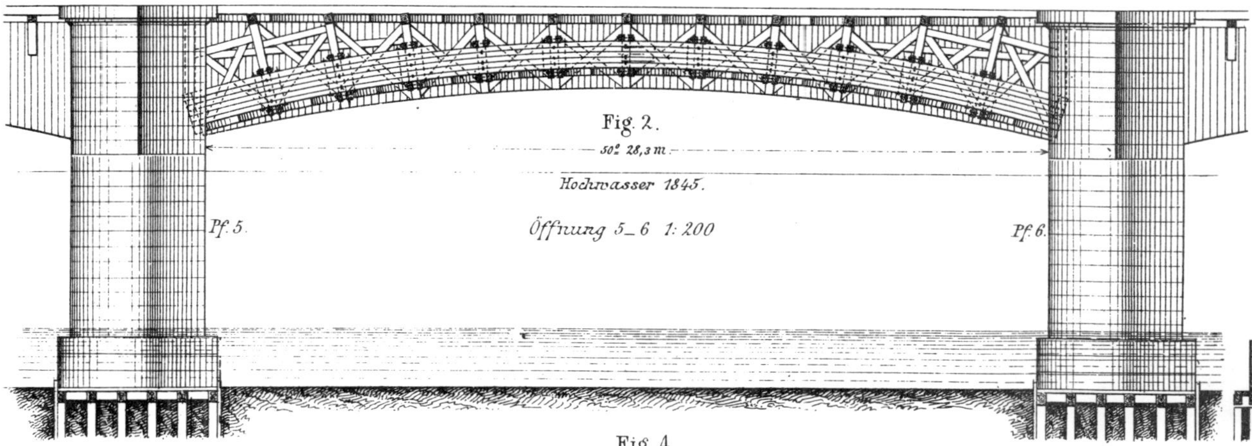

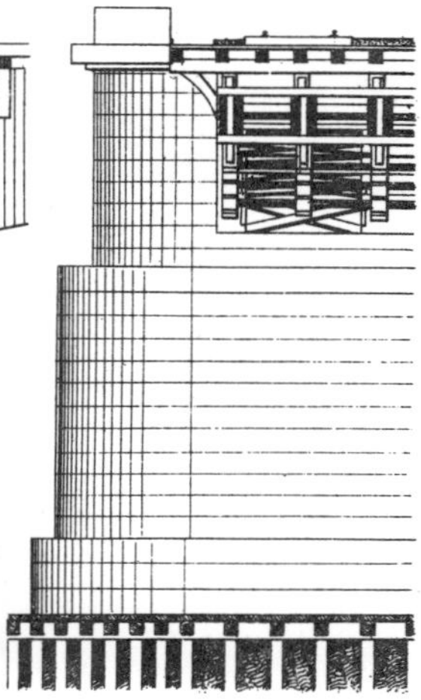

Fig. 2.

*50⁀ 28,3 m*

*Hochwasser 1845.*

*Öffnung 5_6 1:200*

Pf. 5.

Pf. 6.

Fig. 4.

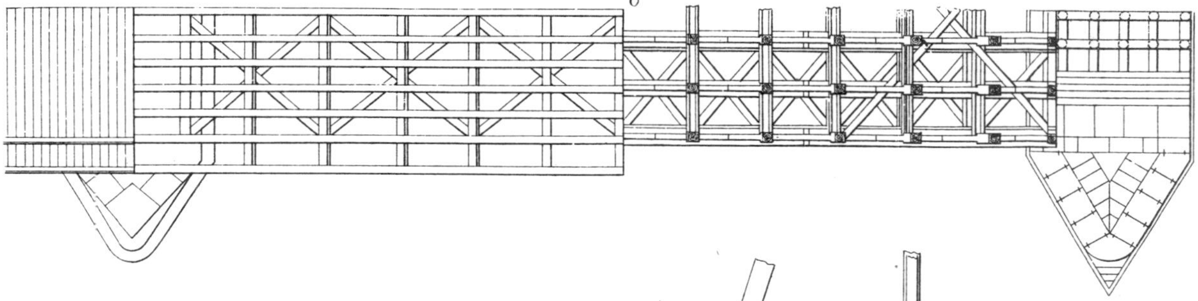

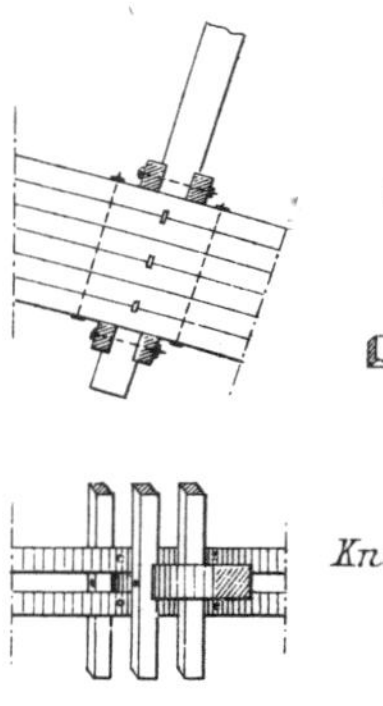

Elbbrücke bei Riesa, Fig. 1 _ 5.

Viadukt bei Röderau, Fig. 6 _ 8.

Fig. 5.
*Knotenpunkte.*

Fig. 6.
*Viadukt bei Röderau i. J. 1839 (Längsansicht 1:2000).*

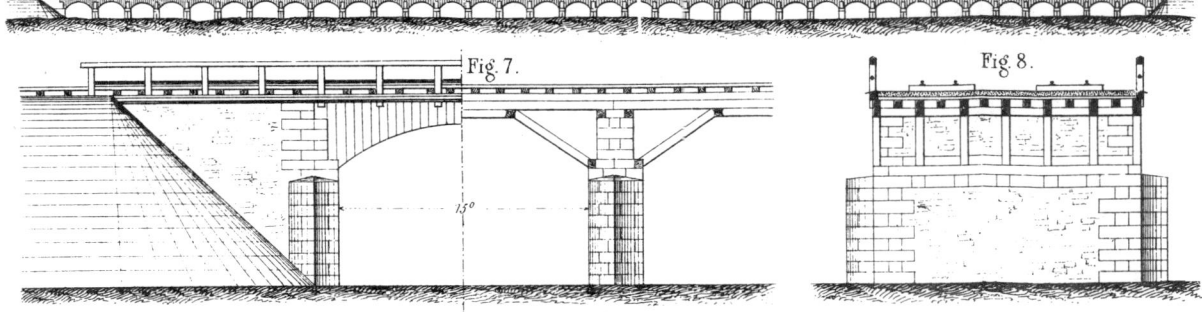

Fig. 7.

Fig. 8.

15°

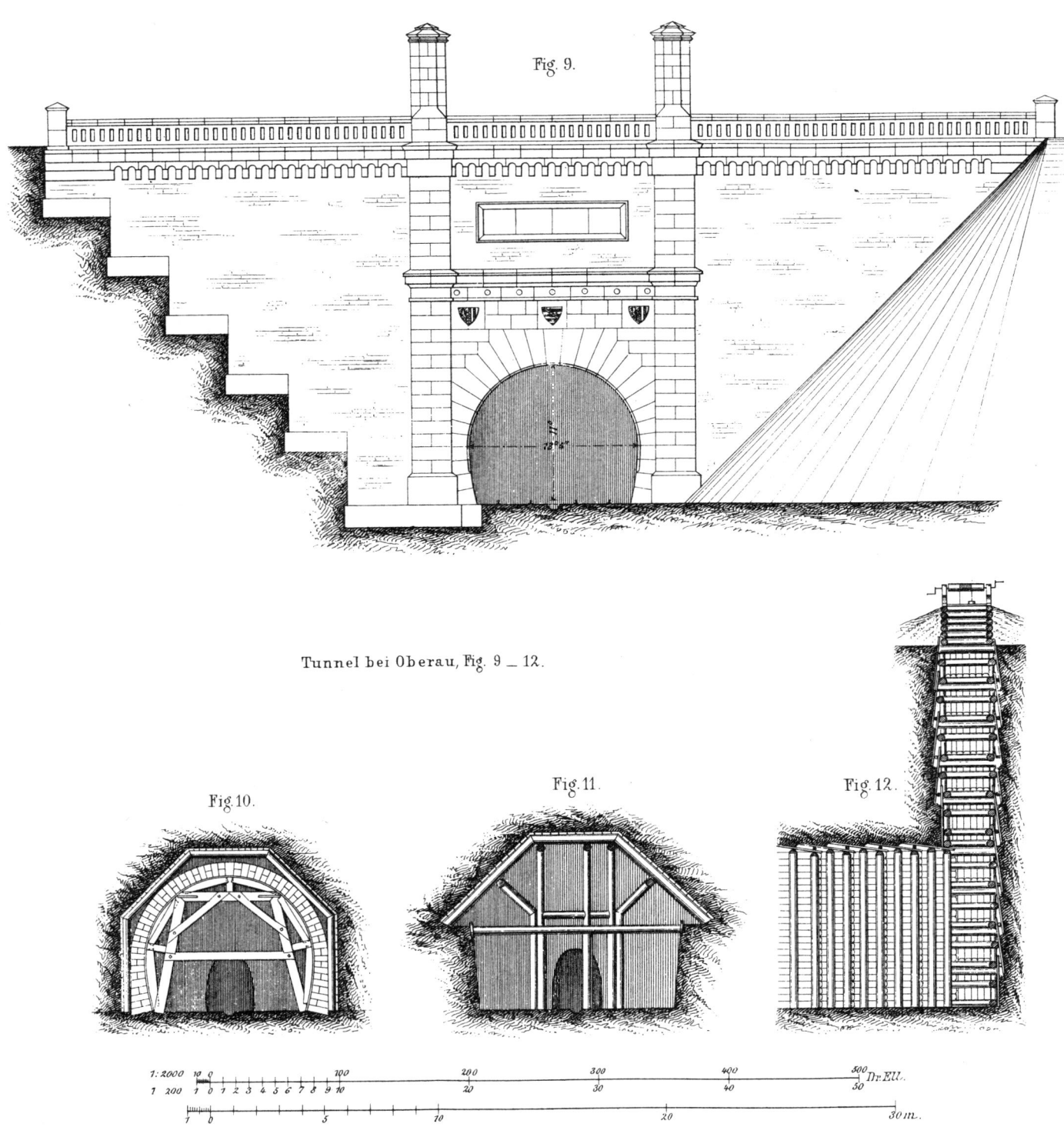

Fig. 9.

Tunnel bei Oberau, Fig. 9 — 12.

Fig. 10.

Fig. 11.

Fig. 12.

(Sonderabdruck aus dem „Civilingenieur", XXXVI. Band, 1. Heft.)

# Erinnerungen an den Bau und die ersten Betriebsjahre der Leipzig-Dresdener Eisenbahn.

Von

Finanzrath **Ludwig Neumann** und Bezirksmaschinenmeister **P. Ehrhardt**.

(Hierzu Tafel I und II.)

## Stationsgebäude und Bahnhöfe.

Von dem Gedanken geleitet, ein Verkehrsmittel in grossem Stile zu schaffen, galten als Stationen, wo die Personen- und Güterzüge zu halten hatten, bei der Bahneröffnung am 9. April 1839 nur folgende: Leipzig, Wurzen, Luppa-Dahlen, Oschatz, Riesa, Priestewitz, Oberau und Dresden; abzuwarten blieb das Bedürfniss zur Errichtung von Zwischenhaltestellen.

Die Kompagnie pflegte — vielleicht nicht immer mit voller Zustimmung der Ingenieure — bezüglich der Ausrüstung der Stationen mit Gebäuden äusserst sparsam vorzugehen, architektonischen Luxus zu meiden und namentlich den Massivbau auf solche Einrichtungen zu beschränken, von denen man sich im Hinblick auf die zu erwartenden Verkehrssteigerungen eine genügende Nutzdauer zu versprechen hoffte. Dieser Veranlassung zufolge ist nicht allenthalben die Uebereinstimmung zwischen Entwurf und Ausführung eingetreten, dennoch dürfte die Schilderung der Stationseinrichtungen, wie dieselben im ersten Betriebsjahre und einigen folgenden sich dargestellt haben mögen — bei einiger Nachsicht betreffs der Jahrzahl — Anspruch auf Wahrheit haben.

### A) Bahnhof Leipzig (Taf. I, Fig. 1)

erhielt eine mit Thoren versehene Personenhalle, vor derselben an der Stadtseite ein Steuereinnehmerhaus und ein Portierwohnhaus; weiter östlich zwei Güterschuppen; sodann südlich eine Wagenremise, einen Pferdestall, ein Holzmagazin, die für den Lokomotivdienst nothwendigen Gebäude und eine Wagenbauanstalt; hierzu etwa 2400 Ellen Nebengeleise, 20 Weichen, 11 Drehscheiben und einen Geleiskarren (Schiebebühne).

Die Personenhalle, auch „Personeneinsteigeschuppen" genannt, war Empfangsgebäude und bestand ursprünglich aus einer hölzernen, je zwei Geleise für Abfahrt und Ankunft überspannenden, 80 Ellen lang geplanten, dann 95 Ellen lang gebauten, 45³/₄ Ellen tiefen Halle mit seitlich angesetzten, schmalen Betriebsräumen, und war nach einem gegebenen Modelle „mit Bohlensparren" überspannt und im Mai 1837 an die Zimmermeister Richter und Leideritz, sowie den Maurermeister Brendel, sämmtlich in Leipzig, auf Grund deren eigenen Voranschlags für 13 062 ℛℊ 12 ℊ𝓇 im Ganzen durch das Direktorium verdungen worden. Hierzu kamen aus Anlass des weiteren Bedarfs an Betriebsräumen und „der leichten Konstruktion der Hallenwände" mittelst Nachtragvertrages „acht seitliche Anbaue" für 4800 ℛℊ und nach der Stadtseite hin eine mit Brettern verschlagene Giebelwand mit Uhrthurm. Zwei Reihen freistehender Säulen von Eichenholz, jede 8⁰ lang, ¹⁸/₁₈″ stark, mit Kapitälen verziert, trugen halbkreisförmige Bögen, aus 18″ hohen, 2″ starken kiefernen „Bohlensparrenstücken" bestehend, die unter sich durch eiserne Klammern zusammengehalten wurden. Zwei andere, äussere, nicht freistehende Säulenreihen waren mit den Fachwänden der beiderseitig angebauten Betriebsräume verbolzt, welche letztere sowohl aus Stabilitätsrücksichten wie auch infolge der alsbald nach der ersten Eröffnung sich ergebenden Nothwendigkeit der Betriebsraumbeschaffung schleunigst angesetzt werden mussten.

Die Gründung musste über 3 Ellen tief durch Moorboden auf eine „Lettigschicht" gesenkt werden und wurde für je ein einseitiges Bindersäulenpaar wie folgt bewirkt. Auf zwei Schichten 8″ dicker Dornreichenbacher Platten kam zweiköpfiges Bruchsteinpfeilermauerwerk mit Altenburger Graukalkmörtel, hierauf mittelst eines 1 Elle breiten, 18 Zoll starken Erdbogens verspannte Steinwürfel, 1 Kubikelle haltend, die Säulen aufnehmend. Die Binderdistanzen betrugen 5 Ellen, die zwei inneren Säulenreihen standen im Einsteigeperron — dem sogenannten Trottoir —, welches gepflastert und mit Platten eingefasst war. Das Dach der Halle, sowie die Wände waren mit gespündeten, auf allen Ansichtsflächen gehobelten, an den Giebelseiten mit Fugenschnitt versehenen Brettern verschalt. Das Dach der Halle bestand weiter aus „niederländischem" Schwarzblech mit Falzen und zweimaligem Oelanstrich, während die Seitenbaue mit Lehestener Schiefer gedeckt waren. Zugleich wurde eine „Brettplanke" aus eichenen Säulen, Zockenpfosten und gehobelten Brettern $3^1/_2{}^0$ hoch entlang des Bahnhofareals hergestellt. Die Säulen hierzu mussten vertragsmässig angekohlt und in Kies gestellt werden. Den Abschluss an der Stadtseite bildete ein Spalierzaun.

Um den theuren Bezug der Personen- und Güterwagen aus England zu umgehen, waren die Gesellschaftsorgane bestrebt, den einheimischen Wagenbau zu fördern, und so entstand denn schon im Frühjahre 1837 ein 40 Ellen langer, $11^1/_2{}^0$ breiter und ein $65^0$ langer, $20^0$ breiter Arbeitsschuppen. Beide, mit Brettern verschlagen, mit Ziegeln „deutsch" gedeckt, mit vielen Fenstern versehen, leisteten bis zur Eröffnung der vorläufig endgültigen Gebäude gute Dienste und dienten dann als Magazingebäude weiter. — Die älteste deutsche Eisenbahn-Wagenbauanstalt bestand ursprünglich aus einem Hauptgebäude von $154^0$ Länge, $28^0$ Tiefe, $8^0$ Stockwerkshöhe, welches z. Th. mit einem zweiten Stockwerke übersetzt war, und aus einer Schlosser- und Schmiede-Werkstatt mit zehn Feuern, die Schmiede allein $38^0$ lang, $25^0$ tief.

Die im August 1837 an den Maurermeister Ehrlich in Leipzig für 14 486 $\mathit{Rp}$. 10 $\mathit{gr}$: verdungene Wagenbauanstalt konnte im Frühjahre 1838 bezogen werden. Hierzu sei bemerkt, dass der Mauersand in den Grundgruben sich vorfand, Bruchsteine und selbstgebrannte Feldziegel, letztere vom eigenen wallonischen Ziegelmeister Dupont gefertigt, vom Direktorium an die Unternehmer geliefert wurden.

Schon am 1. März 1839 wurde ein $68^0$ langer, $38^0$ tiefer Anbau (einschliesslich zweier Hallen gemessen) mit fünfwöchentlicher Herstellungsfrist in grösster Beschleunigung an Meister Lüders verdungen.

Das ursprüngliche Maschinenhaus mit Hauptreparatur-Werkstatt kann ohne eingehendere Baubeschreibung durch eine Skizze (Taf. I, Fig. 2) und nachstehende Wiedergabe des von „Kirchweger" herrührenden Anlageplanes vorgeführt werden:

1) Das Maschinenhaus besteht aus einem Vordergebäude und zwei einen Hofraum einschliessenden Seitengebäuden.

2) Das Parterregeschoss des Hauptgebäudes enthält einen Stand-, sowie einen Reparaturschuppen für Lokomotiven; hinter diesem Schuppen sind vier Werkstätten und ein Vorhaus mit Treppe gelegen.

3) Das Seitengebäude links enthält eine Wasservorheizungskammer mit Kessel, die Dampfmaschinenstube, das Dreh- und Bohrmaschinenzimmer und den Raum zur Hobelmaschine.

Das Seitengebäude rechts enthält einen Kessel, desgleichen eine gewöhnliche Schmiede, übrigens das Vorhaus mit Treppe.

Diese Gebäude erhalten gleiche Geschosshöhe mit dem Stand- und Reparaturschuppen im Hauptgebäude; hierdurch wird ein Zwischengeschoss gewonnen, welches zu drei bis vier Wohnungen für Unterbeamte eingerichtet werden kann.

Das Zwischengeschoss über den Seitengebäuden links ist zu Vorrathskammern und Materialienmagazinen zu benutzen.

Durch Vertrag vom 1. Juli 1837 übernahm Meister Ehrlich den Bau für 11 498 $\mathit{Rp}$: 11 $\mathit{gr}$: 6 $\mathit{\delta}$, ausschliesslich Sand und Steine, und vollendete ihn bis zum Frühjahre 1838, worauf im Sommer die Ingangsetzung erfolgte. Mittlerweile waren von England eine grosse Drehbank, eine Hobelmaschine, eine Lochpresse, eine Schneidemaschine und eine Bohrmaschine eingegangen, ingleichen die Dampfmaschine aus Wetter a. d. Ruhr und zwei Brückenwaagen zu 12 000 und 6000 $^\mathrm{kg}$ Tragkraft von Rollé & Schwilgué in Strassburg.

Für das erste „Magazingebäude", den Güterschuppen, $40^0$ lang, $26^1/_2{}^0$ tief, übernahm Zimmermeister Lüders jun. die Zimmererarbeiten am 1. März 1839 für 1060 $\mathit{Rp}$.; dieses Gebäude enthielt bei $5^3/_4$ elligen Binderweiten unter einem doppelseitigen, abgewalmten deutschen Ziegeldache von $5^1/_4{}^0$ Höhe auf beiden Längsseiten je eine Halle, die eine $6^0$, die andere $8^0$ im Lichten breit und $7^0$ hoch, mit 16 Stück eichenen Säulen ($^{10}/_{10}″$) auf Steinwürfeln. Der mittlere geschlossene Güterraum zwischen den Hallen, $11^1/_2{}^0$ breit, hatte sechs Thore, 5′ 12″ im Quadrat und einen $1^1/_2{}^0$ über der Bahn gelegenen Fussboden aus $1^1/_2″$ starken Pfosten. Ein zweiter gleichgrosser Güterschuppen wurde ebenfalls 1839 erbaut und mit Dachpappe in Einzeltafeln gedeckt.

Der erste Wagenschuppen, dessen Zimmererarbeit am 1. Juli 1839 an Meister Lüders verdungen ward, stand parallel der Wagenbauanstalt, wurde $102^3/_4^0$ lang, $20^1/_4^0$ tief, $6^0$ hoch, hatte auf drei Seiten Fachwand, auf der zweiten Langseite aber 20 Thoröffnungen an hölzernen Säulen, auf denen ein verzahnter Balken ruhte. Das Dach sollte ursprünglich mit Schiefer gedeckt werden, man scheint aber Pappe verwendet zu haben. Die Baufrist betrug für die Zimmererarbeit nur 4 Wochen. Mittelst versenkten Geleises und Geleiskarrens waren die 20 Thore zugänglich gemacht.

Die erste Wasserstationseinrichtung möge aus nachstehendem Text des Originalplanes erhellen:

„Da die Brunnenwässer des Leipziger Bahnhofes viel „kohlensauren Kalk" in Auflösung halten, welcher als Niederschlag, oder auch im kochenden Wasser schwimmend, der arbeitenden Lokomotive schädlich wird, indem er das Eintreten des Wassers mit dem Dampfe in die Zylinder verursacht (priming of the Engine), so wird es vortheilhaft sein, das zu verbrauchende Wasser stets vorzuheizen, wodurch die Kohlensäure im Wasser entbunden wird und der Kalk in der Zisterne Gelegenheit findet, sich niederzuschlagen. Zu diesem Ende bedarf das Maschinenhaus einer Zisterne (Taf. I, Fig. 3) von 21 Fuss Länge, 8 Fuss Höhe und 6 Fuss Tiefe, welche 1008 Kubikfuss Wasser enthält und sechs Lokomotiven auf einmal speisen kann, ohne dass das Wasser unter die Rohrmündungen sinke, welche des Niederschlages wegen 18 Zoll über dem Boden stehen. Die Zisterne ruht auf drei Pfeilern, jeder 10' hoch, 6' lang und 2' breit und 6' von einander und vom Pfeiler zwischen den beiden Thoren des Maschinenhauses abstehend. Angebracht ist ein Wasserkrahn, in welchen das Wasser aus der Zisterne tritt und mittelst eines Hahnes ab- oder in den Schlauch, welcher die Höhe der Tenderöffnung hat, gelassen wird. Die Welle dieses Krahnes dreht sich in Zapfen, so dass der Schlauch über den Tender oder auf die Seite aus dem Wege gebracht werden kann. Eine Röhre geht längs des Standschuppens der Lokomotiven hin und steht durch die Oeffnung stets voll Wasser, so dass durch die Hähne die Lokomotiven und Tender jederzeit an ihren Standpunkten können mit Wasser gespeist werden. Es ist nun darauf anzutragen, dass erstens der Standpunkt dieser Zisterne auf obige Weise zwischen den beiden südlichen Thoren des Maschinenhauses genehmigt werde, und zweitens, dass die Zisterne aus $^3/_8$" starkem sächsischen Eisenbleche gefertigt werden möchte."

Aus der Vergegenwärtigung aller Vorgänge lässt sich erkennen, dass in den Jahren 1837 bis 1839 vom Direktorium und unter Spezialaufsicht des Architekten Eduard Pötzsch eine damals ungewöhnliche Hochbauthätigkeit in Leipzig entwickelt worden ist.

Mittelst beschränkter Konkurrenzen unter höchstens drei leistungsfähigen Baugewerksmeistern des Ortes, sowie durch beliebige Verdingungen der verschiedenen Gewerkenarbeiten an einzelne zünftige Meister des bezüglichen Gewerbes suchte man sich die nöthigen Arbeitskräfte und Intelligenzen zu verschaffen. Hierzu trat die Füglichkeit,

Bruchsteine auf der Bahn anfahren, Ziegel aus der eigenen wallonischen Feldziegelei in Leipzig selbst zum Preise von 7 ℛ 6 gr: für das Tausend liefern und Sand aus dem Bahnhofsareale entnehmen zu können. Graukalk kam in der Regel von Altenburg, der Scheffel zu 15 bis 20 gr; Bruchsteine bezog man von Dornreichenbach und Mannsbach; die Ruthe zu 64 Kubikellen kostete 15 bis 17 ℛ, das Tausend fremder Mauerziegel 13 bis 15 ℛ. Die einzelnen Baupreise sind anfänglich denen des bürgerlichen Bauwesens gleich gewesen, scheinen aber sehr bald gestiegen zu sein.

Anhangsweise sei hier auch eines eigenthümlichen Gebäudes gedacht, welches am Endpunkte der ersten fertiggestellten Bahnstrecke bei Althen errichtet worden und daselbst den Zweck der Unterbringung und Bewirthung der Fahrgäste erfüllt hat. Dies war ein mit Vordach versehenes, etwa 1200 Quadratellen Grundfläche mit einem grossen Wartesaale haltendes Gebäude, aus „2468 Baukästen" und einigem Bruchsteinmauerwerke errichtet und mit Brettern gedeckt. Jene Baukästen waren von Holz und mit Lehmsand gefüllt. Die Dachfläche erhielt — nach Ablehnung der theueren „Wachsleinwand" — Steinkohlentheeranstrich.

Von Nebengebäuden mögen genannt werden: zwei mit Dachpappe gedeckte einstöckige Fachwerkshäuser vor der Haupthalle ($13^0$ im Geviert), für Portier und Akzise-Einnehmer, und der Kohlenschuppen (Fachwerk mit Ziegeldach, $40^0$ lang, $16^0$ breit).

B) Bahnhof Wurzen (Taf. I, Fig. 4 und 8).

Ursprünglich diente das Werkplatzhaus als Aufnahmsgebäude; später wurde das auf der Südseite stehende Hauptgebäude mit Vorhalle, wie aus den Einzelzeichnungen Fig. 5 und 6 zu ersehen, errichtet. Um die steilen deutschen Dächer zu vermeiden, wurde als Deckungsmaterial Dorn'sche Masse, bestehend aus Lehm, Theer, Lohe, Harz und Sand angenommen und dem Gebäude, durch Anwendung eines flachen Daches und der Säulenvorhalle, ein im Stil an die klassischen Bauformen sich anlehnendes Aeussere gegeben. An Gebäuden waren ferner noch vorhanden: eine Wagenhalle mit Schmiede (Fig. 8), Wasserstation mit Vorwärmung und ein Güterschuppen (Fig. 7).

C) Bahnhof Luppa-Dahlen (Taf. I, Fig. 9 und 10).

Ein Aufnahmsgebäude war nicht vorhanden, es ist damals der Gasthof, wie dies noch bis Ende der 70er Jahre der Fall war, als Wartezimmer für die Passagiere benutzt worden. Ein kleines Gebäude diente für die Expeditionen, auch war ein Schuppen (Fig. 10) für Unterbringung einer Lokomotive und mehrerer Wagen vor-

handen. Ferner waren hier die auf Anregung des Bevollmächtigten Busse, eines Buchhändlers, welcher viel
mechanisches Geschick besass und infolge dessen einen
etwas übergrossen Erfindungseifer auf Kosten der Gesellschaft entwickelte, die Versuchsanlagen zur Herstellung
von „Terresin"-Schwellen und zum Imprägniren hölzerner
Schwellen errichtet worden.

Diese Terresin-Schwellen sollten die Eigenschaften
steinerner Schwellen besitzen; es fehlte denselben aber
zunächst die Festigkeit des Gefüges, so dass dieselben
brachen und schleunigst wieder ausgewechselt werden
mussten.

### D) Bahnhof Oschatz (Taf. I, Fig. 11 und 12)

galt als Hauptzwischenstation der ganzen Linie. Seine
Gebäude kennzeichneten, gleich wie Wurzen, die damalige
Bauweise. Ein Hauptgebäude mit Vorhalle für ein Fahr-
geleis nahm die Passagiere auf und enthielt Diensträume
und eine Beamtenwohnung; ein niedriger Massivbau mit
flachem „Dorn'schen Dache" war Güterremise und
Brunnenhaus zugleich; ausserdem bestand ein besonderes
Zisternenhaus mit Vorheizung, eine Schmiede mit Vor-
halle, ein Interimsschuppen für eine Lokomotive, einige
Brettwandbauten und ein grosses Freiprivet.

### E) Bahnhof Riesa (Taf. II, Fig. 1)

behielt längere Zeit leichte, einstweilige Gebäude, „denn
gerade dort würde der Verkehr sich vorzüglich konzen-
triren und hier würde also ein Missgriff in dem Ent-
wurfe kostspieliger Gebäude die nachtheiligsten Folgen
haben". So lautete der Ausspruch des Direktoriums und so
kam es, dass der im Jahre 1838 vom Ingenieur Sergel
veranschlagte Massivbau mit Personenhalle, der für einen
längeren Zeitraum ausgereicht hätte, die Billigung des
Direktoriums nicht fand. Riesa war von besonderer Bedeutung für den Bahnbetrieb wegen des Bezuges englischer Kohlen auf der Elbe. Kleine, anfänglich ohne
Dampfmaschine betriebene, Aufzugsbahnen führten von
der Elbe zum Bahnhofe hinauf und nach den Koksöfen
dicht neben dem Bahnhofe, die in ziemlich bedeutender
Ausdehnung nach englischen und belgischen Mustern im
Jahre 1838 erbaut wurden, um englische Kohlen regelmässig für Betriebszwecke zu verkoken, nachdem sich die
Koke von Zwickau und aus dem Plauen'schen Grunde bei
Dresden „bedauerlicherweise ungeeignet zur Lokomotiv-
heizung" gezeigt hatten. Aus dem beigefügten Bahnhofs-
grundriss ist das Vorhandensein eines „Einnahmehauses"
mit Polizeiexpedition und „Passagierstube", eines Gebäudes für Lokomotive und Schmiede, zweier Brunnen mit
Zisternen, eines Waarenhauses, eines Oberaufseherhauses

und von zwölf Koksöfen mit drei Schuppen ersichtlich.
Mehrere Hunderttausend wallonischer Ziegel von Leipzig
waren 1839 zu vorgenannten Bauten angefahren worden.

### F) Dem Bahnhofe Priestewitz (Taf. II, Fig. 2)

wurde anlässlich der Nähe der gewerbreichen Stadt
Grossenhain Bedeutung beigelegt; das frühere „Werkhaus" wurde „Einnahmehaus" und „Wagenstätte", dazu
kam eine Schmiede, ein „Waarenhaus", zwei Brunnen
mit Zisternen und ein bedeckter Raum für Güterwagen;
die Erbauung eines Gasthauses als Personengebäude wurde
der Gemeinde Grossenhain überlassen und seiten derselben
auch ausgeführt.

### G) Die Station Oberau (Taf. II, Fig. 3)

entstand nach Beendigung des Tunnelbaues aus den zu
einem „Einnahmehause" und einem „Waarenhause" eingerichteten „Werkhäusern" in Erwartung des Verkehrs
von Eisenberg und Moritzburg und von Meissen her.

### H) Bahnhof Dresden (Taf. II, Fig. 4).

Zwei massiv in Sandstein ausgeführte Gebäude von
quadratischer Grundform, das eine für Passagieraufnahme
und Restauration, das andere für Expeditionen und Wohnungen, bildeten den Schlüssel zur Gesammtanlage des
Dresdener Bahnhofes zwischen den Landstrassen nach
Meissen und Grossenhain. Beide Häuser standen durch
je eine viertelkreisrunde „Kolonnade" mit einer „Personenhalle" in Verbindung, deren Wände ebenfalls
massiv aus Sandstein erbaut worden sind.

Die Halle war eintheilig, im Innern $90^0$ lang, $29\frac{1}{2}^0$
weit zwischen den Pfeilern. Zwölf Häng- und Spreng-
werke trugen das mit 1 : 3 geneigte und mit englischem
Schiefer gedeckte Dach. Die nur $3^0$ vor die Pfeiler der
Längswände vorgreifenden und dabei einerseits auf die
Mauer, andererseits auf 21zöllige Quader aufzulegenden
„Flötzentrottoirs" bildeten beiderseits die Einsteigeperrons
in $1\frac{1}{2}^0$ Höhe über den Schienen.

Ausser diesen Bauten bestand in massiver Bauweise
noch ein Maschinengebäude. An leichteren Gebäuden
waren vorhanden: zwei Güterschuppen von je $40^0$ Länge,
ein Koksschuppen, eine kleine Wagenremise, ein Königs-
wagenschuppen, ein mit Dampfmaschine betriebener und
ein mit Handpumpe versehener Brunnen sammt Zisternen.
Die äusserst einfache Gesammtanlage, die vermöge ihrer
geradlinigen Einfahrt von Leipzig her und infolge glücklich gewählter Lage zum „Leipziger Thore" eine recht
zweckmässige genannt werden musste, ist in Fig. 4 ersichtlich gemacht.

Zum Unterschiede von der durchaus rechteckigen Form der Maschinen-Hauptreparatur-Anlage zu Leipzig zeichnete sich das Dresdener „Maschinengebäude" durch polygonale Grundform, zusammengesetzt aus symmetrischen Paralleltrapezen und Rechtecken, aus; letztere enthielten die sechs Maschinenstände, erstere zwischenliegend die Schmieden, die Werk- und Aufenthaltsräume der Führer, Feuerleute und Wächter.

Eine der beliebten zwölffüssigen Drehscheiben vermittelte die Zufahrt der Maschinen und ist somit die Grundrissform dieses Dresdener Maschinengebäudes als Vorläufer der weit später zu allgemeinerer Anwendung gelangten Form der „Heizhausrotunden" zu betrachten. Das Maschinengebäude war massiv aus Ziegeln erbaut und mit deutschem Ziegeldach versehen.

Zur Zeit der Eröffnung — und noch viele Jahre darnach — konnten nur die Dresdener Stationsgebäude einigen Anspruch auf architektonische Bedeutung erheben, während bei allen übrigen nicht über das Maass der unbedingten Nothwendigkeit hinausgegangen wurde. Ausschliesslich im Bahnhof Dresden waren Räume vorgesehen zur Einrichtung einer Bahnhofsrestauration.

Eigenartige Bauwerke des ersten deutschen Eisenbahnhochbaues in Sachsen waren nach Vorstehendem: Personenhallen mit Holzkonstruktion für Endstationen; Dächer mit Neigung bis auf 1 : 3 herab mit Eisenblech, Schieferdeckung; Einnehmer-Häuser an den Eingängen der solid eingefriedigten Stationen, deren Betreten Jedem nicht mit Billet oder Erlaubnisskarte Versehenen verboten wurde; ferner Verwaltungsgebäude mit Passagierstuben, z. Th. in Verbindung mit einseitigen, offenen Vorhallen auf Zwischenstationen, ohne Gastwirthschaft, z. Th. mit Dorn'scher Masse aus Lehm, Theer, Lohe, Harz und Sand gedeckt; verschieden gestaltete Waarenmagazine, z. Th. mit hohen deutschen Ziegeldächern, jedoch auch bereits mit Pappdächern; verschieden gestaltete Brunnen- und Maschinenhäuser mit engen Räumen und Ziegeldächern.

Beamtenwohnungen wurden auf Stationen nur bezüglich der allernothwendigsten Diensthabenden — der Abtheilungsingenieure und der Oberaufseher der Bahnhöfe — beschafft; die ursprünglichste Form der Wasserstationen, bestehend in hölzernen, getheerten oder mit Zink ausgeschlagenen Bottichen auf Holzgerüsten, wurde in Erkenntniss der Zweckmässigkeit des Vorheizens des Lokomotivspeisewassers u. s. w. durch geschlossene Gebäude noch während des Baues grösstentheils verdrängt.

J. Hochbauten der freien Bahn (Taf. II, Fig. 5—7).

Die Neuheiten des Dampfwagenlaufes und der ihm folgenden Eindrücke auf die Eisenbahnverwaltung wie auf die Behörden und das Publikum veranlasste naturgemäss auch Sicherheits- und Signaleinrichtungen ursprünglichster Art. Hieraus ergab sich in Verbindung mit den Erfordernissen der Bedienung der Wegübergänge eine ansehnliche Anzahl von Wärterposten. Man stellte für dieselben lediglich „Schilderhäuser" auf, in den Farben der Kompagnie, schwarz und blau gestreift, angestrichen, $1^0 18''$ im Lichten lang, $1^0 12''$ tief, und überliess den Wärtern stillschweigend, auf eigene Gefahr, nach Umständen unter Benutzung übriggebliebener Baumaterialien, kleine heizbare Wachthäuser auf Eisenbahn-Arealtrennstücken zu bauen. Für die Oberbahnwärter wurden, wo ohne erhebliche Aufwände thunlich, Ansiedelungen in vorhandenen Werkhäusern und angekauften Dorfgebäuden geschaffen.

Schon im Eröffnungsjahre fühlten die Ingenieure lebhaft die Nothwendigkeit der „Kolonisirung der Bahnwärter" und besorgten mit Zustimmung des Direktoriums Konkurrenzentwürfe für „Wärterhäuser", bei denen nicht nur die urwüchsigsten Gedanken über die Benutzung der Häuser, sondern auch eigenthümliche Bauweisen zum Vorschlag kamen; unter anderen wurde der eine Entwurf wie folgt beschrieben:

„Das Gebäude wird $15^1/_2{}^0$ lang, $10^1/_4{}^0$ tief, von Bruchsteinen „in Lehm" aufgeführt bis zum Dache; die Giebelwände werden von Ziegelmauerwerk in Fachwänden, sowie die Scheidewände ebenfalls hergestellt. Die Esse fängt erst auf dem Boden an und wird aus dem zum Kochofen eingerichteten Heizungsapparate ein blechernes Rohr hineingeführt. Das Dach besteht aus Ziegeln in Kalkmörtel eingedeckt."

Nicht minder eigenthümlich erschienen einzelne Vorschläge über die Eintheilung der Wärterstrecken, indem man der Ansicht huldigte, von Stunde zu Stunde der Bahnlänge ein Wohnhaus für einen Bahnwärter zu erbauen und diesem, unter Absehen vom Schlag- und Signaldienste, die Aufsicht über die einstündige Strecke sowohl, als auch über deren Beiwärter für Nebendienste und deren Arbeiterrotte zu übertragen.

Das Direktorium entschloss sich — unter Beachtung der von seinem Beamten Gessler beigebrachten Bedenken — vorläufig nur von Fall zu Fall zur Erbauung einzelner Wachthäuser ohne Wohnung, hat aber die von Bahnwärtern auf eigene Rechnung erbauten „Wachthäuser" nach und nach auch angekauft.

### Das erste Signalbuch.

Ein Vortrag des **Dr. Wilhelm Crusius**, stellvertretenden Vorsitzenden der Kompagnie, gehalten in der zweiten Generalversammlung derselben am 15. Juni 1836, empfahl „die Errichtung eines galvanisch-magnetischen Telegraphen" und enthielt auch die Mittheilung der nach dem Gutachten des Professor Dr. Weber obwaltenden, „ein solches Unternehmen als sehr sicher und zuverlässig" empfehlenden Umstände. Obwohl die Versammlung für eine Telegraphenanlage Leipzig-Wurzen 2000 ℳ genehmigte, konnte sich das Direktorium — infolge einer durch Magister Hülsse geleiteten genaueren Untersuchung, die eine etwa dreifach höhere Anschlagssumme ergab — doch nicht entschliessen, die Anlage auszuführen, worüber sich das Direktorium gegenüber der vierten Generalversammlung am 10. April 1838 folgendermaassen rechtfertigte. „Der unmittelbare Vortheil, welcher für die Gesellschaft aus der Benutzung der Telegraphen entspringen könnte, hat uns nicht bedeutend genug geschienen, um die Aufwendung eines so ansehnlichen Kapitals zu rechtfertigen, besonders da die finanzielle Lage des Unternehmens jede thunlichste Ersparniss doppelt zur Pflicht macht und die fragliche Anlage sich auch später noch ebensowohl ausführen lasse, wenn man das angemessen finden sollte."

Sonach blieb es für die Eröffnung bei den Handfähnchen und den Lichtern der Handlaternen als urwüchsigste Signalmittel, deren Benutzung durch das erste Signalbuch Deutschlands geregelt wurde, welches im Originaltexte folgendermaassen lautete:

### Signale der Bahnwärter.

#### 1.
#### Die Bahn ist fahrbar!

Wenn der Wärter die Bahn untersucht und fahrbar gefunden hat, so stellt er sich in die Mitte der Bahn mit dem Gesichte dahin, wohin das Zeichen geht und hält die Flagge rechts mit ausgestrecktem Arme.

#### 2.
#### Alles in Ordnung!

Wenn der Wagenzug sich nähert, so tritt der Wärter an den Rand des Bahngrabens mit dem Gesichte nach dem Geleise gekehrt und präsentirt die Flagge, den Besen oder sonstiges Werkzeug, indem er den Arm damit in der Richtung der eben stattfindenden Fahrt ausstreckt.

Nachts
wird die Laterne mit dem rothen Lichte nach der Richtung, woher der Wagen kommt, festgestellt.

#### 3.
#### Der Wagen soll langsam fahren!

Der Wärter stellt sich in die Mitte der Bahn und bewegt die Flagge in kurzen Schwingungen über seinem Kopfe.

Nachts
wird das rothe Licht vom Kopfe zu den Füssen auf und nieder bewegt.

#### 4.
#### Der Wagen soll halten!

Der Wärter stellt sich in die Mitte der Bahn und schwingt die Flagge vom Kopfe nach den Füssen im Kreise herum.

Nachts
wird die Laterne sehr langsam umgedreht, so dass das rothe und das weisse Licht abwechselnd erscheint und verschwindet.

#### 5.
#### Der Wagen ist halten geblieben!

Der Wärter stellt sich in die Mitte der Bahn und hält die Flagge über dem Kopfe gerade in die Höhe.

Nachts
wird das rothe Licht schnell hintereinander zugedeckt.

#### 6.
#### Der Wagen kommt nicht!

Der Wärter stellt sich in die Mitte der Bahn, schwingt die Flagge vom Kopfe nach den Füssen im Kreise herum und hält solche dann über dem Kopfe gerade in die Höhe.

Nachts
wird die Laterne vom Kopfe bis zu den Füssen auf und nieder bewegt, und zwar so, dass das rothe Licht hinauf und das weisse herunterführt.

#### 7.
#### Ein anderer Lokomotivführer soll entgegenkommen!

Der Wärter stellt sich in die Mitte der Bahn und hält die Flagge wagerecht über dem Kopfe.

Nachts
wird das weisse Licht vom Kopfe bis zu den Füssen auf und nieder bewegt.

#### 8.
#### Bezeichnung der Strecke!

Der Wärter stellt sich in die Mitte der Bahn, hält die Flagge gerade vor sich hin und stösst langsam soviel mal gerade in die Höhe, als die Zahl der Strecke ist.

Nachts
wird das rothe Licht nach der Seite, wohin das Zeichen geht, soviel mal langsam zugedeckt, als die Zahl erfordert.

#### 9.
#### Bezeichnung der Stunden, wenn eine Extrafahrt gehen soll!

Der Wärter stellt sich in die Mitte der Bahn, hält die Flagge mit ausgestrecktem Arme seitwärts und schlägt damit soviel mal von oben nach der Erde, als die Stunde heisst.

Nachts
wird das weisse Licht langsam soviel mal zugedeckt, als die Stunde heisst.

NB. Jedes Signal muss so lange wiederholt werden, bis der nächste Wärter es bemerkt und weiter gegeben hat.

————

### Signale der Lokomotivführer.

#### 1.
#### Achtung!

Mit der Dampfpfeife wird ein einzelner Ton angeblasen.

### 2.

### Bremsen!

Ein langer Ton, dem drei kurze Pfiffe folgen.

### 3.

### Bremsen los!

Ein langer Ton, dem zwei kurze nachfolgen.

### 4.

### Abfahrt!

Sobald der Wagenmeister das Zeichen zur Abfahrt gegeben hat, ist sogleich ein Ton mit der Dampfpfeife anzublasen, damit Jeder gewarnt werde, sich vor Schaden zu hüten.

---

## Signale der Schaffner an die Tenderwache und Bahnwärter.

### 1.

### Achtung!

Bemerkt ein Schaffner etwas vor sich auf der Bahn, was den Lokomotivführer angeht, so hält er seine Flagge hoch über den Wagen hinaus und die Tenderwache hat den Lokomotivführer darauf aufmerksam zu machen, falls es dessen Aufmerksamkeit entgangen wäre.

### 2.

### Anhalten!

Die Flagge wird hoch über den Wagen hinausgehalten und hin und her geschwenkt. Auf dieses Signal muss die Tenderwache den Lokomotivführer sogleich veranlassen, den Dampf abzuschliessen und mit der Pfeife das Signal zum Bremsen zu geben. Giebt die Tenderwache selbst dieses Signal, so haben die Schaffner sofort zu bremsen.

### 3.

### Andeutung einer Extrafahrt!

Ein Schaffner hält die Flagge wagerecht aus dem Wagen gegen den Bahnwärter, welches im Allgemeinen die Nachfolge eines Wagenzuges oder einer Lokomotive bedeutet. Wenn die Stunde der Abfahrt von der Station angedeutet werden soll, so schlägt der Schaffner ebensoviel mal die Flagge gegen den Bahnwärter niederwärts.

Ueber die Schwierigkeiten der Einführung dieser Signalisirung und die Leistung derselben berichtet Ingenieur Köhler im ersten Betriebsberichte für das Jahr 1837 Folgendes:

„Nach vielen Einübungen hatte ich das Corps der Bahnwärter soweit einexerzirt, dass die Signale vor der ersten Fahrt jedes Tages und die Andeutungen für die Lokomotivenführer gehörig geleistet wurden. Theils durch den Uebelstand mehrerer Ablöhnungen von Bahnwärtern für Dienstfehler und durch das Verbleichen der Farben der ersten Signalfahnen ist jedoch das Telegraphiren mehrere Mal in Konfusion gerathen. Anstatt der schwarz und blauen Farben habe ich roth und weisse eingeführt, die sich am Horizonte und bei jeder Nuance vom Hintergrunde durchleuchtend gezeigt haben. Zu Zeiten, wo kein Wechsel der Leute stattgefunden hatte, konnte ich von Althen herein in 4½ Minuten Nachrichten im Leipziger Bahnhofe haben, zu anderen Zeiten aber kaum in 15 bis 16 Minuten.“

Die Signalisirung mittelst Flügel-Masten-Telegraphen wurde erst am 1. September 1840 eingeführt.

---

**Dresdener Bahnhof in Leipzig im Jahre 1840.**

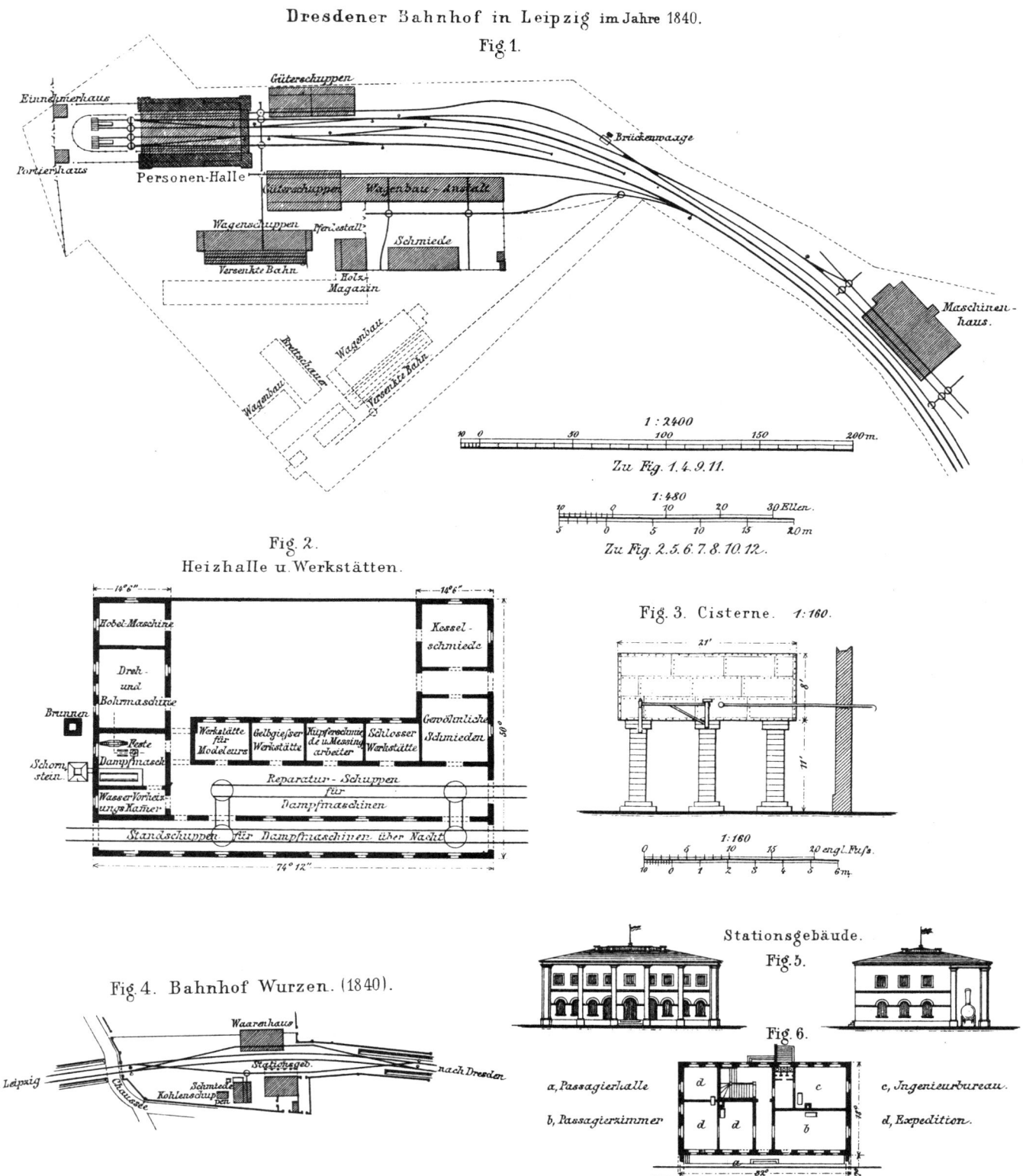

Fig. 1.

Einnehmerhaus

Güterschuppen

Personen-Halle

Portierhaus

Brückenwaage

Güterschuppen   Wagenbau - Anstalt

Wagenschuppen   Pferdestall   Schmiede

Versenkte Bahn   Holz- Magazin

Bretschneiderei   Wagenbau

Wagenbau   Versenkte Bahn

Maschinen- haus.

1 : 2400

10   0   50   100   150   200 m.

Zu Fig. 1. 4. 9. 11.

1 : 480

10   0   10   20   30 Ellen.

5   0   5   10   15   20 m.

Zu Fig. 2. 5. 6. 7. 8. 10. 12.

Fig. 2.
Heizhalle u. Werkstätten.

Hobel-Maschine

Kessel- schmiede

Dreh- und Bohrmaschine

Brunnen

Feste Dampfmasch.

Werkstätte für Modeleure   Gelbgiesser Werkstätte   Kupferschmie de u. Messing arbeiter   Schlosser Werkstätte   Gewöhnliche Schmieden

Schorn- stein

Wasser-Vorheiz- ungs-Kasten

Reparatur - Schuppen für Dampfmaschinen

Standschuppen für Dampfmaschinen über Nacht.

14°6″   14°6″

50°

74° 12″

Fig. 3. Cisterne.   1 : 160.

21′

8′

11′

1 : 160

0   5   10   15   20 engl. Fuss.

10   0   1   2   3   4   5   6 m.

Fig. 4. Bahnhof Wurzen. (1840).

Waarenhaus

von Leipzig

Chaussee

Stationsgeb.

nach Dresden

Schmiede   Kohlenschup pen

Stationsgebäude.
Fig. 5.

Fig. 6.

a, Passagierhalle

b, Passagierzimmer

c, Ingenieurbureau

d, Expedition

d   c

d   d   b

a

32°

Fig. 7. Güterschuppen (Waarenhaus).

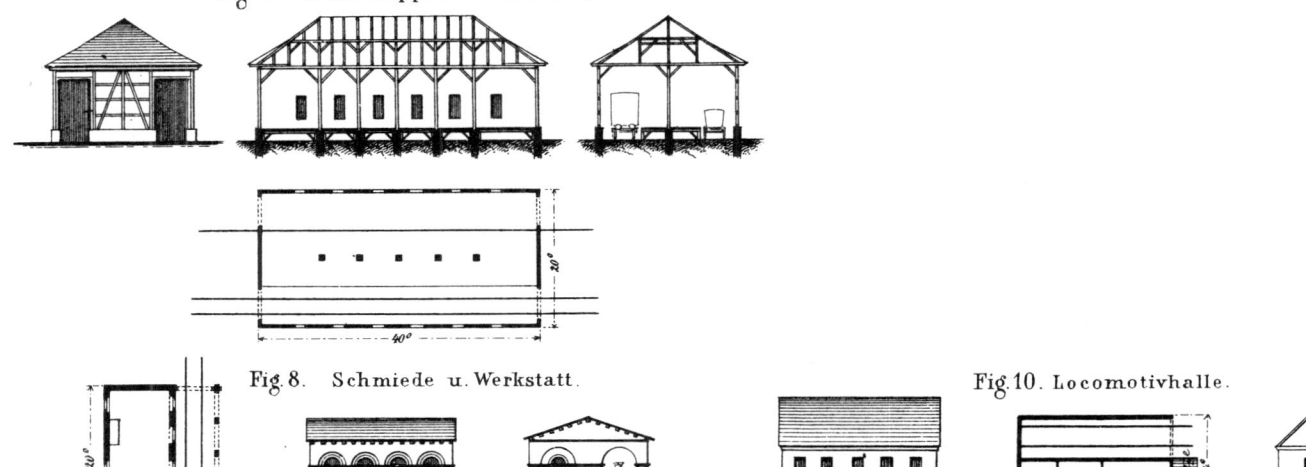

Fig. 8. Schmiede u. Werkstatt.      Fig. 10. Locomotivhalle.

Fig. 9. Bahnhof Dahlen im Jahre 1840.

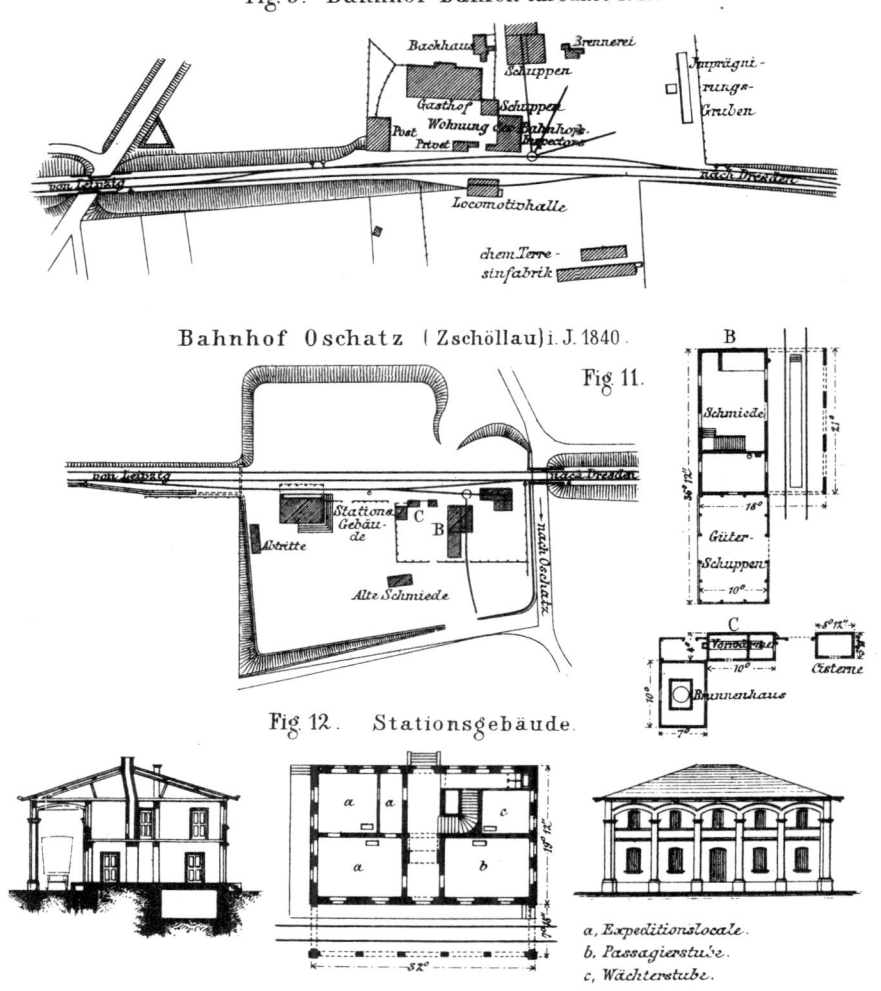

Bahnhof Oschatz (Zschöllau) i. J. 1840.

Fig 11.

Fig. 12. Stationsgebäude.

a, Expeditionslocale.
b, Passagierstube.
c, Wächterstube.

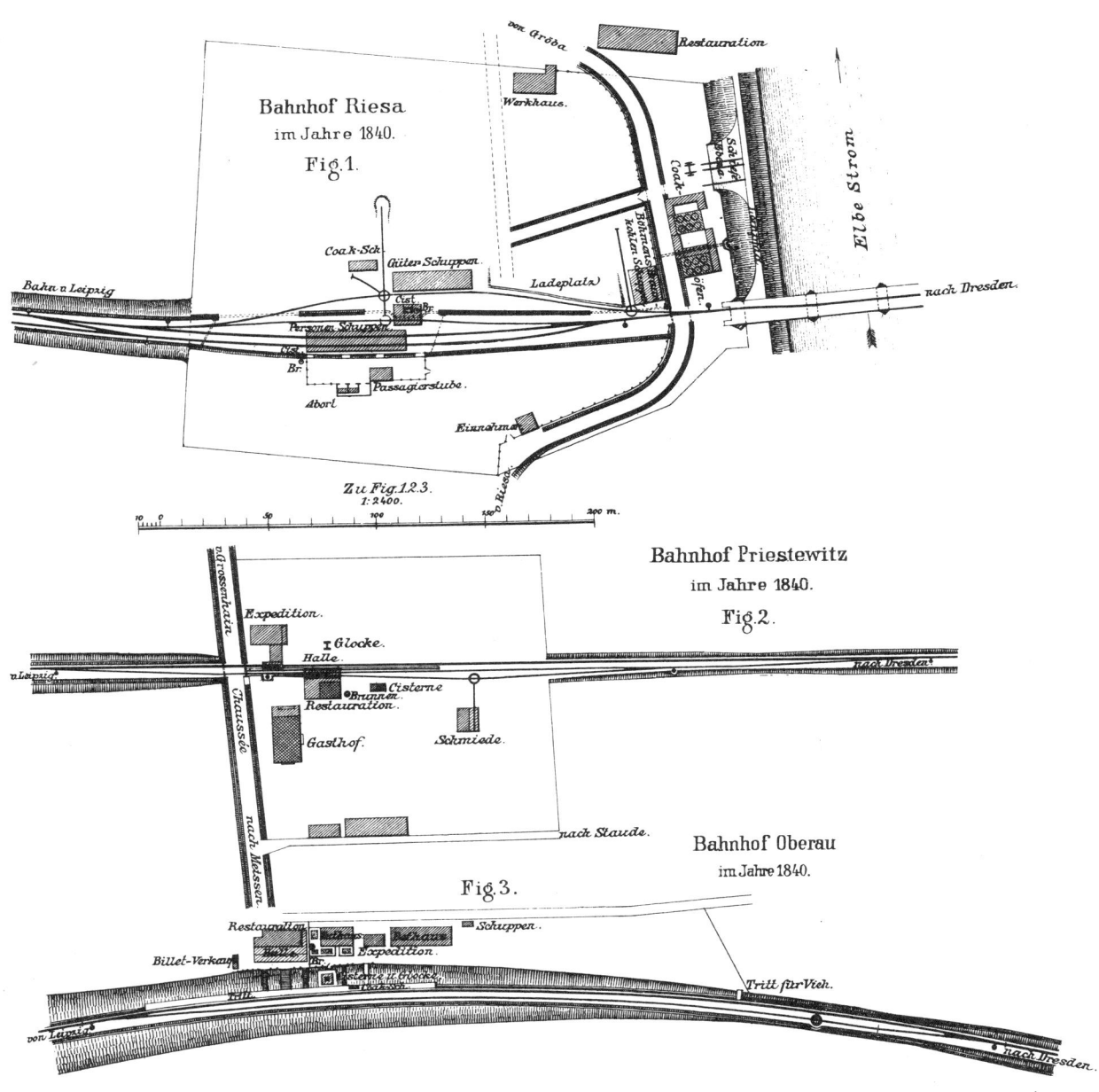

Bahnhof Riesa
im Jahre 1840.
Fig. 1.

Bahnhof Priestewitz
im Jahre 1840.
Fig. 2.

Bahnhof Oberau
im Jahre 1840.

Fig. 3.

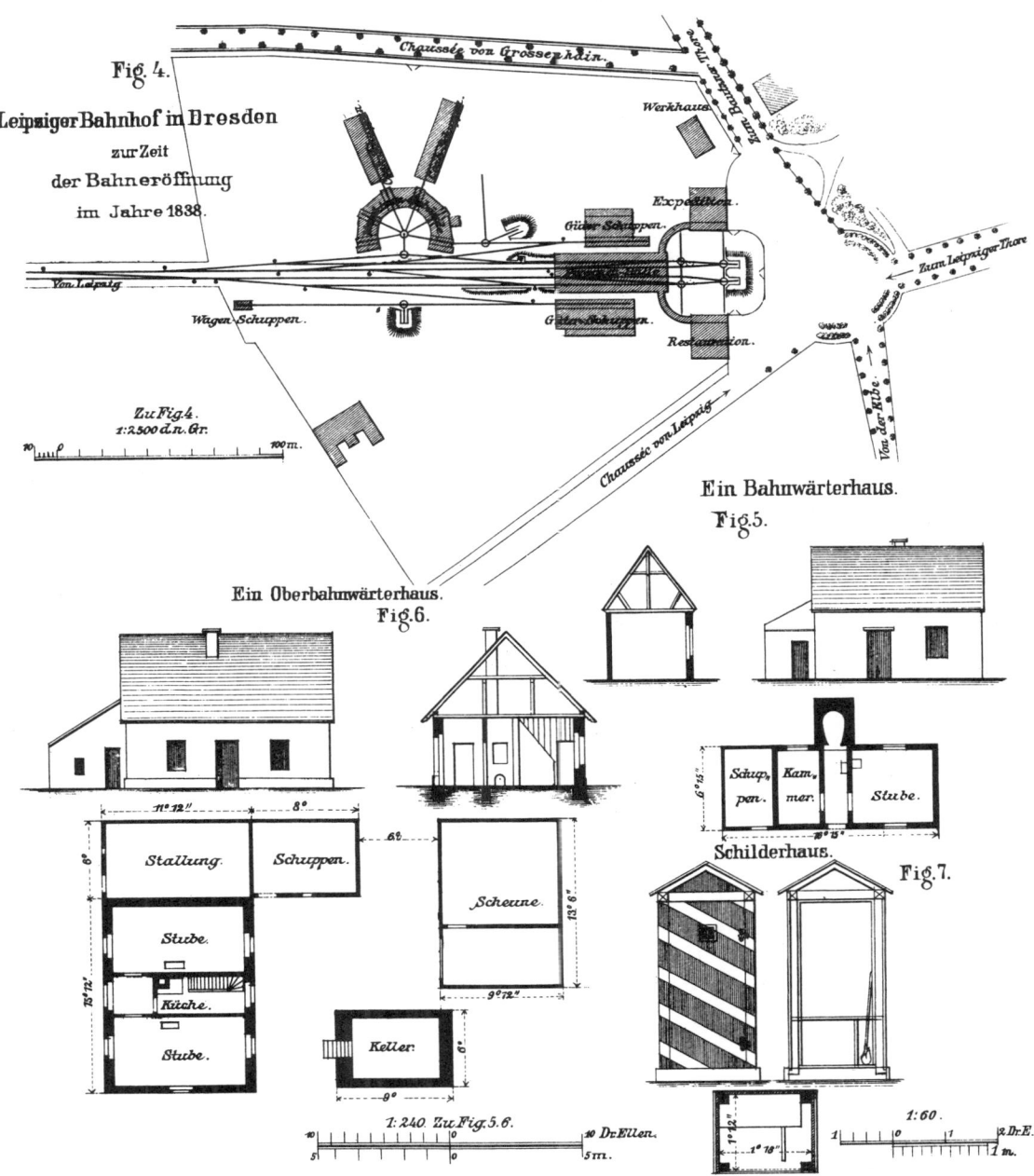

Fig. 4.

Leipziger Bahnhof in Dresden

zur Zeit

der Bahneröffnung

im Jahre 1838.

Chaussée von Grossenhain.

Zum Bautzner Thore.

Werkhaus.

Expedition.

Güter-Schuppen.

Von Leipzig.

Wagen-Schuppen.

Güter-Schuppen.

Restauration.

Zum Leipziger Thore.

Von der Elbe.

Zu Fig. 4.
1:2500 d. n. Gr.
10      0                    100 m.

Chaussée von Leipzig.

Ein Bahnwärterhaus.
Fig. 5.

Ein Oberbahnwärterhaus.
Fig. 6.

Schilderhaus.
Fig. 7.

Schup- | Kam- | Stube.
pen. | mer. |

Stallung. | Schuppen.

Stube.

Küche.

Stube.

Scheune.

Keller.

1:240 Zu Fig. 5. 6.

Sonderabdruck aus dem „Civilingenieur", XXXVI. Band, 4. Heft.

# Erinnerungen an den Bau und die ersten Betriebsjahre der Leipzig-Dresdener Eisenbahn.

Von

Finanzrath **Ludwig Neumann** und Bezirksmaschinenmeister **P. Ehrhardt**.

(Hierzu Tafel XIV und XV.)

## Zugkraft und Fahrzeuge.

Da im Jahre 1836 in Deutschland Lokomotiven ebensowenig gebaut, als Schienen gewalzt werden konnten, so musste das Direktorium die ersten benöthigten Lokomotiven ebenfalls in England bestellen. Es wandte sich zuerst an die Firma Peter Rothwell & Co. in Bolton und bestellte zunächst drei vierräderige Lokomotiven, welche die Namen „Komet", „Blitz" und „Windsbraut" erhielten. Der „Komet" traf Ende November 1836 „in 15 Kisten verpackt" in Leipzig ein, mit ihm der mit 3 £ Wochenlohn angeworbene erste Lokomotivführer John Robson, der sich nach Abgewöhnung gewisser in Deutschland nicht heimischer Eigenheiten in Zukunft recht gut bewährt hat. Der „Komet" wurde zunächst „auf Böcken freistehend" in Gang gesetzt und öffentlich zum Besten der „Unterstützungskasse für Bahnbeamte" ausgestellt, dann im April 1837 der Benutzung zu Erdtransporten bei Machern zugewiesen. Ebenso später die Maschine „Windsbraut".

Eine aus Amerika verschriebene Lokomotive „Columbus" von Guillingham & Wynands erwies sich bedauerlicherweise als unbrauchbar für sächsische Betriebsverhältnisse, obwohl dieselbe nach Mustern der Baltimore-Ohio-Bahn durch den sächsischen Konsul Brauns in Baltimore bezogen worden war, nachweislich auf Grund glaubwürdigster amerikanischer Zeugnisse für deren Tüchtigkeit.

Der „Komet" kostete 1383 Pfund Sterling in England; seine Abmessungen sind ebenso wie die der übrigen ältesten Maschinen in umstehender Zusammenstellung enthalten.

Ausser den obengenannten vier Lokomotiven wurden bis zur Eröffnung im Jahre 1839 fernerweit bezogen: die Maschinen „Faust", „Peter Rothwell" und „Salamander" (die zwei letzten sechsräderig ohne Kuppelung) von Rothwell & Co.; „Renner", „W. Kirtley", „Sturm", „Elephant", „Greif" (diese vier sechsräderig ohne Kuppelung) von Kirtley & Co. in Warrington; „Drache", „Adler", „Pfeil", „Edward Bury" (diese vier vierräderig mit Kuppelung) von E. Bury in Liverpool; „Robert Stephenson" von R. Stephenson in Newcastle o. T. (sechsräderig ohne Kuppelung).

Die Kompagnie besass somit um die Zeit der Bahneröffnung 17 fremde Lokomotiven und sicherte sich ausser der in der Maschinenbauanstalt zu Uebigau bei Dresden unter Andreas Schubert's Leitung im Bau begriffenen sechsräderigen Maschine „Saxonia" mit vier gekuppelten Rädern noch mehrere kräftigere englische Maschinen für die allernächste Folgezeit. Alsbald nach Ankauf der ersten deutschen Lokomotive „Saxonia" durch die Leipzig-Dresdener Bahn konnte auch schon im Jahre 1839 die erste Lokomotive der Sächsischen Maschinenbauanstalt zu Chemnitz, der „Pegasus" als lauffähig bezeichnet und später erworben werden. Im Jahre 1839 betrug die Zahl der Lokomotiven 18 und es traten im Jahre 1840 vier sechsräderige Maschinen von Rothwell & Co. hinzu („Magdeburg", „Simson", „Altenburg" und „Nordlicht").

Es gab anfänglich bei Leipzig-Dresden, abgesehen von der ungewöhnlich gebauten, für Transport schwerer Züge bestimmt gewesenen, nur mit Anthrazitheizung

1

| Name der Lokomotive | Erbauer | Lieferungsjahr | Zylinder Durchmesser (Zoll) | Zylinder Hub (Zoll) | Durchmesser im Mittel (Zoll) | Länge des Rundkessels (Fuss) | Heizröhren Durchmesser (Zoll) | Heizröhren Länge (Fuss) | Heizröhren Anzahl (Stück) | Gesammtheizfläche (Quadr.-Fuss) | Rostfläche (Quadr.-Fuss) | Anzahl der Achsen im Ganzen | Treib- und Kuppelachsen | Durchmesser der Treibräder (Fuss) | der Laufräder (Fuss) | Aeusserer Radstand (Fuss) | Gewicht leer (tons) |
|---|---|---|---|---|---|---|---|---|---|---|---|---|---|---|---|---|---|
| Komet . . . . | Rothwell & Co. in Bolton | 1836 | 11 | 16 | 36 | 6,71 | 1 5/8 | 7 | 88 | 261 | 6 | 2 | 2 | 4,5 | — | 5 | 8 |
| Blitz . . . . | „ | 1837 | „ | „ | | 7,83 | | 8,5 | | 317 | 7,75 | 2 | 2 | 5 | | 5,5 | 9 |
| Windsbraut . | „ | „ | „ | „ | | | | | | | | | | | | | |
| Faust . . . . | „ | „ | 11 | 18 | 39 | 7,5 | | 7 | 96 | 266 | 6 | 3 | 1 | 4,5 | 3,5 | 5 | 8 |
| Peter Rothwell | „ | 1838 | 11 | 18 | 37¼ | 6,75 | | 8 | 127 | 432 | 6,75 | „ | „ | 3,5 | | 9,5 | 12 |
| Salamander . | Kirtley & Co. in Warrington | „ | 11½ | 18 | | 7,46 | | | | | | „ | „ | 5 | 5 | 9,66 | 9,75 |
| Renner . . . | „ | „ | „ | 18 | | | | | | | | „ | „ | | | | |
| Drache . . . | Bury in Liverpool | „ | 11 | 18 | 36 | | 1 3/4 | 8,3 | 90 | 380 | 7,5 | 2 | 2 | 5 | 3,5 | 5,25 | 9 |
| Adler . . . | „ | „ | 12 | 18 | 41 | 8 | „ | | 86 | 367 | | 3 | 1 | | | 5,5 | 12 |
| Stephenson . | Stephenson in New-Castle | „ | „ | „ | | 7,5 | | | 127 | 432 | | „ | „ | | | | |
| Magdeburg . | Rothwell & Co. | 1839 | „ | „ | 39 | | 1 5/8 | | | | | „ | „ | | | 5 | |
| Simson . . . | „ | „ | „ | „ | | | | | | | | „ | „ | | | | |
| Altenburg . . | „ | „ | „ | „ | | | | | | | | „ | „ | | | | |
| Nordlicht . . | „ | „ | „ | „ | | | | | | | | „ | „ | | | | |

einigermaassen brauchbaren amerikanischen Maschine „Columbus", die niemals im regelmässigen Betriebe benutzbar wurde, im Wesentlichen zwei Systeme von Maschinen, und zwar:

1) Vierräderige gekuppelte Lokomotiven mit innnenliegenden Zylindern, $4\frac{1}{2}$- und 5 füssigen Rädern und innerhalb der Räder liegenden Rahmen. Diese Lokomotiven sollten hauptsächlich zur Beförderung schwererer Züge dienen, wurden aber auch für leichtere Züge verwendet, nachdem die Kuppelstangen, welche Kugelzapfenlager hatten, abgehangen worden waren. Die höchste zulässige Dampfspannung betrug 60 Pfd. engl. für den $\square'' = 4{,}22\,^{kg}$ für den $\square^{cm}$. Die Fig. 3 und 5, Taf. XV, stellen Lokomotiven dieser Gattung dar. Fig. 6 zeigt die Konstruktion der Feuerbüchsen. Nach der vierräderigen Lokomotive „Komet", welche bei Beendigung der Erdtransporte im Machern'schen Einschnitte nach Dresden geschafft worden war, erbaute die Uebigauer Maschinenbau-Anstalt unter Leitung Professor Schubert's von der Dresdener technischen Bildungsanstalt die sechsräderige Lokomotive „Saxonia". Das hintere Laufräderpaar war abweichend von der englischen Musterlokomotive hinzugefügt worden, um die Treibachse zu entlasten und um eine grössere Sicherheit gegen das Umkippen der Lokomotive bei etwa auftretenden Achsbrüchen zu haben. Es wurden übrigens später, nachdem der durch Bruch einer Achse einer vierräderigen Lokomotive verursachte, besonders durch Verlust vieler Menschenleben unglückliche Unfall der Paris-Versailler Bahn (8. Mai 1842) bekannt geworden war, durch Maschinenmeister Kirchweger sämmtlichen vorhandenen vierräderigen Lokomotiven noch hintere Laufachsen untergesetzt. In den übrigen Einzelheiten war die „Saxonia" genau wie „Komet" gebaut, nur hatte dieselbe Losh-Speichenräder (welche sich schlecht hielten und bald durch englische Räder mit gusseisernen Speichen ersetzt werden mussten) und einen höheren Dampfdom als „Komet". „Saxonia" wurde 1839 fertig und wurde zum Erstaunen Aller vom Professor Schubert am 7. April 1839 persönlich dem Eröffnungszuge nachgefahren. Bei der Rückfahrt entgleiste leider dieselbe in Priestewitz infolge falscher Weichenstellung und blieb dort liegen. Fig. 1, Taf. XV, giebt ein genaues Bild dieser ersten in deutscher Werkstatt erbauten Lokomotive.[1]

„Saxonia" sowohl, wie „Komet" und „Windsbraut" hatten halbrunde, kupferne Feuerbüchsen mit kugelförmig gewölbten Decken; die vier Bury'schen Lokomotiven besassen schmiedeeiserne, geschweisste Feuerbüchsen gleicher Konstruktion, welche aber schlecht hielten und bald

---

[1] In Deutschland wurde der Lokomotivbau in den ersten Jahren des Eisenbahnwesens nur im Königreiche Sachsen betrieben. Ausser der Uebigauer Fabrik, welche zwei Lokomotiven „Saxonia" und „Phönix" erbaut hat, ergriff noch die Sächsische Maschinenbau-Kompagnie in Chemnitz den Lokomotivbau und lieferte 1840 zwei Lokomotiven „Teutonia" und „Pegasus", welche letztere später ebenfalls von der Leipzig-Dresdener Kompagnie angekauft worden ist. Rich. Hartmann in Chemnitz hat 1849 die erste Lokomotive fertig gestellt. Ausserdem wurde noch von dem Amerikaner Washington Beyer der Lokomotivbau versucht und hat derselbe in Dresden eine sechsräderige Lokomotive „Friedrich August" erbaut, welche März 1851 auf der Sächsisch-Schlesischen Bahn in Betrieb kam.

durch kupferne ersetzt werden mussten. Die Rothwell'-schen Lokomotiven besassen gusseiserne Speichenräder, die Bury'schen solche mit schmiedeeisernen Speichen, welche, wie Fig. 7, Taf. XV, zeigt, mit Keilen in den Naben befestigt waren. Siederöhren waren von Messing mit Löthnaht hergestellt und haben durch Zerspringen in den Löthnähten viele Betriebsstörungen bereitet. Diese Lokomotiven besassen weder Wasserstandsgläser noch Manometer, der Wasserstand musste durch Probirhähne, der Dampfdruck vermittelst der Federwaagen (spring-balances) beobachtet werden. Die Treibräder wurden mittelst Bandbremsen, theils durch Fusstritthebelwerk, theils durch Handkurbel und Schraube, gebremst. Die Umsteuerung der Muschelschieber geschah durch die Hawthorn'sche Gabelsteuerung, theils mit verschiebbaren Exzentern (Bury), theils mit festen Exzentern (Rothwell & Kirtley); es konnte mit diesen Steuerungen nicht expandirt werden. Erst die Stephenson'sche Lokomotive (1839) hatte Kulissensteuerung mit veränderlicher Expansion.

2) Sechsräderige ungekuppelte Lokomotiven mit einem Treibräderpaare von 5′ Durchmesser, innen liegenden Zylindern und ausserhalb der Räder liegenden Rahmen, welche für Personenzüge benutzt werden sollten. Die erste dieser Lokomotiven, „Renner", war zu leicht ausgefallen und bewährte sich infolge mangelnden Adhäsionsgewichtes nicht. Es wurden daher schwerere Lokomotiven gleichen Systems bestellt, welche bei einem Adhäsionsgewichte von etwa 6 tons auf den Treibrädern zweckentsprechend waren. Die Feuerbüchsen mit gewölbten Decken ohne Verankerung wurden öfters beulig, weshalb bei diesen Lokomotiven viereckige Feuerbüchsen mit geraden und verankerten Decken angewendet wurden. Die aussen liegenden Rahmen liessen die Anbringung eines mittleren Führungsrahmens für die gekröpfte Treibachse zu, wodurch diese besser geführt und gegen Brüche gesichert wurde. Im Uebrigen waren diese sechsräderigen Lokomotiven wie die vierräderigen gebaut.

Die Tender (Fig. 2, Taf. XIV) beider Lokomotivarten waren vierräderig, hatten hufeisenförmige Wasserkästen von 80 bis 90 Kubikfuss engl. Inhalt und hölzerne Untergestelle.

Beide Räder wurden mittelst einer Handhebelbremse gebremst.

Die Beschaffung des Speisewassers und Brennmaterials für die Lokomotiven erfolgte, wie zum Theil schon erwähnt worden ist, in der Regel mit Hülfe gewöhnlicher Brunnen, deren nach Umständen mehrere auf einer Station gebraucht wurden und aus denen mittelst einfacher Saug- und Hebepumpen das Wasser in anfänglich freistehende hölzerne, später eiserne eingebaute und vorgeheizte Zisternen gehoben wurde, von denen aus anfänglich Schläuche, später drehbare Rohre, ähnlich den späteren Krahnrohren, nach den „Tendern" der Lokomotiven führten. Schon im Frühjahre 1837 entstand in Leipzig eine derartige Vorheizung, „um den möglichsten Nutzen aus den kleinen Koks zu ziehen, welche unumgänglich durch den Rost der Lokomotiven fallen", und man fand darnach, dass bei einer Fahrt von Leipzig nach Althen und zurück anstatt 7½ nur 5 Scheffel Koks gebraucht wurden.

Bis zum Sommer 1838 bezog die Kompagnie ausschliesslich englischen Koks zur Lokomotivfeuerung, bis zahlreiche Unterbrechungen der Lieferungen ernstlich zur Anwendung von Koks aus dem Plauen'schen Grunde bei Dresden und von Zwickau mahnten. Noch im Frühjahre 1839 empfand das Direktorium sehr schmerzlich, gestehen zu müssen, „dass jene einheimischen Koke, aller damit ausgeführter Versuche und erfolgten Abänderungen der Roste und Aschenkasten ungeachtet, sich doch als nachtheilig und verhältnissmässig kostspieliger gezeigt hätten, als englischer". Die Folge war der Beschluss, „künftig zwar nur englische Kohlen zu beziehen und solche in Riesa in eigenen Oefen zu verkoken, nebenher aber — ungeachtet des kostspieligen Landtransportes der sächsischen Kohlen — mit weiteren, zunächst auf Beimischung gerichteten Versuchen fortzufahren."

Im Jahre 1839 standen zwölf Koksöfen in Riesa im Betriebe, und zwar nach Muster englischer in Süd-Wales.

### Personen- und Güterwagen.

Obwohl man sich naturgemäss im Anfange des Unternehmens auch hinsichtlich der Wagenbeschaffung an englische, Brüsseler (Pauwels) und Nürnberger Firmen[1]) wandte, auch von jeder derselben nicht nur Wagentheile, sondern auch je einen ganzen Wagen von jeder Klasse I bis III — mancher noch mit „harten Puffern" — bezog, so erkannte man doch bei Zeiten die Unmöglichkeit, ohne eigene Wagenbauanstalt auskommen zu können. Gleichzeitig und von hoher Bedeutung für den Betrieb brach sich die Ueberzeugung Bahn, „man müsse die Personenwagen unter eigener strenger Aufsicht aus selbst beschafftem, sorgfältig geprüftem Rohmateriale, unter Leitung eines an der Materiallieferung unbetheiligten tüchtigen Mannes bauen lassen." Folge dieser Erwägung war die Berufung eines vormaligen ersten „Kutschenbauers" der Liverpool-Manchester-Kompagnie, Thomas Worsdell, und eines Werkführers Anfangs 1837 nach Leipzig und die Errichtung einer provisorischen Wagenbau-Anstalt im Frühjahre 1837 und der später endgültigen zum Theil schon im Herbste 1837. Der erste Dirigent jener Anstalt, Thomas Worsdell, hat den gehegten Erwartungen entsprochen. Im Frühjahre 1838 arbeiteten in der zur Wagenbau-Anstalt gehörigen neuen grossen Schmiede, die anfänglich zehn Feuer zählte, über 50 Gesellen, worunter nur zwei Engländer. Auch der unmittelbare Wagenbau zählte 50 Gesellen. Nachdem die unter Worsdell's Leitung frisch erblühte Anstalt gelernt hatte, unter der Leitung ihrer zwei Vormänner selbständig fortzubestehen, ging Worsdell am 15. Januar 1839 nach England zurück und das Direktorium ernannte den zeitherigen Rechnungsführer Schmidt zum Dirigenten, den Vormann Woods zum technischen Assistenten desselben, auch konnte die Arbeiterzahl auf die Hälfte vermindert werden.

---

1) Die von England bezogene „Kutsche" I. Kl. kostete 4458 ℛ℔, die Kutsche II. Kl. 2281 ℛ℔, die Brüsseler Kutsche I. Kl. kostete 2832 ℛ℔, II. Kl. 1601 ℛ℔, III. Kl. 1027 ℛ℔. Die eigene Wagenbau-Anstalt lieferte 1838 eine Kutsche I. Kl. für 2255 ℛ℔, II. Kl. für 1302 ℛ℔ und III. Kl. für 1218 ℛ℔. Eine Lowry kostete 511 und ein bedeckter Güterwagen 700 ℛ℔

1*

Das Gesammtergebniss der Anstalt bei der Eröffnung im Jahre 1839 war: 14 Wagen I. Klasse, die wie Lokomotiven Namen erhielten („Tell", „Franklin", „Blücher", „Friedrich der Grosse", „Wittekind" u. s. w.).

26 Wagen II. Klasse,
47 „ III. „
50 Transportwagen für Wagen, Vieh und Equipagen.

Im Baue blieben etwa 68 Transportwagen.

Die Wagen III. Klasse waren anfangs völlig offen, die II. Klasse mit Bedachung und Leinwandvorhängen versehen, die I. Klasse innen ähnlich den Kutschwagen ausgestattet. Bald wurde die II. Klasse mit festen Wänden, die III. mit einfachem Verdeck und Leinwandvorhängen wie die bisherigen II. versehen. Auf Tafel XV sind Personen- und Güterwagen aus dem ersten Betriebsjahre der Eisenbahn und der Wagenbau-Anstalt dargestellt.

## Technische Einrichtungen und Ergebnisse im vorbereitenden Betriebe der Jahre 1837 und 1838.

Dem Ingenieur Hermann Köhler der I. Bauabtheilung Leipzig-Wurzen gebührt das Verdienst, vermöge seiner durch früheren Aufenthalt in England und Amerika geschärften technischen Urtheilskraft an dem Werke der Ausbildung des technischen Dienstes der Bahn nachdrücklich Antheil genommen und seine Erfahrungen auf jener Bauabtheilung am Schlusse der Jahre 1837 und 1838 auf das Ausführlichste zusammengestellt zu haben. Die hauptsächlichsten Ereignisse und Erfahrungen waren folgende:

### Das Jahr 1837.

Obwohl die Strecke Leipzig—Althen „infolge höherer Rücksichten" (das ist wegen der Ostermesse, und des anlässlich derselben zu bewirkenden Eindruckes auf das gesammte deutsche und ausserdeutsche Verkehrsleben) auf Anordnung des Direktoriums im Anfange 1837 mit aussergewöhnlichen Mitteln fahrbar hergestellt werden musste, so betrugen doch die Unterhaltungskosten der theuersten ersten drei Monate weniger als bei Liverpool-Manchester im Jahre 1836, nämlich — auf die englische Meile Bahn reduzirt — 24 660 ℛℓ. gegen 27 500 ℛℓ.; und im Herbste 1837 sanken dieselben auf etwa ein Siebentheil herab.

Der Unterbau zeigte, dass „eine unvollständige Abführung der Tagewässer alle auf den Oberbau verwendete Sorgfalt zwecklos machen könnte", und dass namentlich im Paunsdorfer Einschnitte die Seitengräben zu seicht seien; nur mit Unterlegung sehr grosser Steinplatten unter die „Grundschwellen" war das Niveau zu erhalten. Der Austritt des Frostes erzeugte, weil ungenügend durch die schwachen Bettungsgräben abgehalten, zahllose Buckel im Lehmboden, weniger im Sandboden.

Der Oberbau musste infolge Befahrung mit Lokomotiven, ohne gehörig vollendet zu sein, viel leiden; die meisten der Plattschienen wurden krummgefahren, Bolzen und Nägelköpfe brachen in zahlloser Menge, so dass die Bahnwärter instruktionsgemäss nach jeder Fahrt alle Nägelköpfe untersuchen sollten. Dazu traten Brüche des Geleises an allen Wegübergängen — „weil dieselben festeingespannt im Pflaster lagen" —; der Uebergang der Wurzener Chaussee bei Sellerhausen erhielt Pfahlrost unter das Geleis. „Um die Grundschwellen vor dem Reissen zu schützen", schüttete man Sand und Erde darüber.

Der Bahnwärterdienst. Nach vielen Uebungen hatte Ingenieur Köhler die „Bahnwärter soweit einexerzirt", dass die Signale vor der ersten Fahrt jedes Tages und „die Andeutungen für die Lokomotivführer gehörig geleistet wurden".

Ausser der Signalgebung lag den — bekanntlich mit Schilderhäusern versehenen — Wachposten die Bedienung der Wegübergänge ob, und es standen nicht weniger als 32 Wachposten auf 16 000 Ellen Strecke, die jeden vierten Tag auch Nachtwache leisten mussten, obwohl Nachts keine Züge passirten. Die Sperrung der Wege fand ursprünglich derartig statt, dass die Bahn in der Regel gesperrt blieb und vor jedem Zuge freigemacht werden musste. Natürlicherweise hatten die nächtlicherweile durch Unachtsamkeit unterbleibenden „Oeffnungen" der Schranken stets Defekte zur Folge. Köhler hoffte auf eine gesetzliche Verfügung zur möglichsten Beseitigung der Wegebewachung überhaupt und sagt unter Hinweis auf die erheblichen Kosten dieser Maassregel zur Sicherung des fahrenden Publikums, „er habe schon die Erfahrung, dass bei gleichzeitiger Verwendung der Bahnwärter zu Hauptreparaturen nächst dem Wachdienste jedenfalls die eine Sicherheit durch das Bestreben nach der anderen verloren gehe, und es wäre dann weder Sicherheit des Hauptreparaturwesens noch des Polizeiwesens vorhanden."

Vielleicht findet dieser heute in erhöhtem Umfange zutreffende Ausspruch in Deutschland immer noch nicht volle Würdigung.

────────

Unfälle von Passagieren und Passanten kamen 1837 nicht vor, wohl aber gaben Ungebührlichkeiten des Publikums und der Anrainer Anlass zur Anrufung des Schutzes der Behörden. Hierauf ist alsbald nachstehende Bekanntmachung erschienen und öffentlich ausgehängt worden:

### Bekanntmachung.

Da das willkürliche Betreten der Eisenbahn für die Erhaltung und Sicherheit derselben von den nachtheiligsten und zugleich von allgemein gefährlichen Folgen ist, so wird mit Genehmigung des Königlichen Hohen Ministerii des Innern hiermit deshalb Folgendes öffentlich bekannt gemacht:

**1.**

Das Betreten der Bahn ausserhalb der durch Barrièren geschlossenen Wegekreuzungen ist nur den Beamten und Arbeitern der Kompagnie und denen gestattet, welche eine vom Abtheilungsingenieur, oder dem Oberingenieur, oder dem Bevollmächtigten der Kompagnie ausgestellte und gestempelte Erlaubnisskarte zum Begehen der Planie der Bahn erhalten haben.

Allen anderen ist das Betreten der Planie bei Vier Groschen — das der Böschungen, Dämme und Gräben bei Sechs Groschen — Strafe für jeden Uebertretungsfall verboten.

**2.**

Auch Inhaber von Erlaubnisskarten dürfen bei gleicher Strafe die Bahn nicht da betreten, wo dieselbe zu gleicher Zeit mit Dampfwagen befahren wird.

**3.**

Auf der Planie der Bahn zu reiten, ingleichen das Beschädigen der Gräben der Bahn durch allzunahes Anackern, ist bei Acht Groschen Strafe untersagt.

**4.**

Alle, welche die Eisenbahn an den Uebergangspunkten der Chausseen, Kommunikations- und Feldwege mit Pferden, Fuhrwerk oder Vieh passiren, haben hierbei den Anordnungen der angestellten und mit Schilden versehenen Bahnwärter Folge zu leisten, namentlich ist das eigenmächtige Oeffnen der Barrièren, das Anhalten mit Fuhrwerk und Vieh auf den Uebergangspunkten und deren Appareillen zu keiner Zeit gestattet.

**5.**

Die durch Uniform oder Hutschild kenntlichen, mit schriftlicher Instruktion versehenen Bahnwärter sind angewiesen, auf die Beobachtung vorstehender Vorschriften zu halten und berechtigt, die Uebertreter zu pfänden, unbekannte Personen aber, oder solche, bei denen die Pfändung sonst nicht anwendbar ist, zu arretiren und an die betreffende Gerichtsobrigkeit zur Vernehmung und Bestrafung abzuliefern.

Leipzig, den 26. März 1838.

**Das Direktorium der Leipzig-Dresdener Eisenbahn-Kompagnie.**

(Unterschriften.)

Auf Anordnung des Königlichen Hohen Ministerii des Innern wird hierdurch in Bezug auf vorstehende Bekanntmachung Jedermann bedeutet, den darin enthaltenen, zur Sicherheit der Bahn und der Reisenden selbst unumgänglich nöthigen Bestimmungen und Warnungen die genaueste Folge zu geben.

Ausser den Bahnwärtern sind auch die Chausseewärter und die Gensdarmerie beauftragt, Aufsicht zu führen und den ersteren Beistand zu leisten.

Muthwillige und in ihren Folgen unmittelbaren Nachtheil und Gefahr bringende Beschädigungen der Bahn oder dessen, was dazu gehörig ist, unterliegen noch überdies nach Befinden der Bestrafung nach den Kriminalgesetzen und dem der Kompagnie vorbehaltenen besonderen Ansprüche auf Schadenersatz.

Wornach sich Jedermann zu achten hat.

Dresden, den 26. März 1838.

**Königlich Sächsische Kreisdirektion.**

von Wietersheim.

---

„Kutschen“, so nannte man Personenwagen, waren bei der „ersten“ Eröffnung am 24. April 1837 nur 2 erster, 3 zweiter, 3 dritter Klasse im Bestande, worunter drei im Lande, die anderen in Brüssel und Manchester gebaut; andere traten hinzu, namentlich Nürnberger. Die meisten mussten in Leipzig umgeändert werden, um Systemeinheitlichkeit soweit nöthig zu erzielen. Die Kosten waren im Anfange bedeutend; Pufferfedern, Zugvorrichtungen, Tragfedern, Holzwände liessen zu wünschen übrig; die belgischen und englischen Achsen und Räder erwiesen sich aber gut.

Die Lokomotiven „Blitz“ und „Renner“, welche zuerst Betriebsdienst leisteten, gaben dem Ingenieur Köhler zu äusserst genauen und umsichtigen Beobachtungen Anlass, insbesondere auch zu solchen „über Warmhaltung der Maschinen im Winter und vollkommene Vorheizung derselben“, ferner über Beschaffung reinen Speisewassers und Kesselsteinbildung, über Dampfspannung, Kraftleistung und Adhäsionsgewicht. Nicht ohne bedenkliche Erfahrungen, z. B. das vollständige Einfrieren einer Lokomotive zwischen Oschatz und Wurzen am 27. November 1838, wurde unter anderm die allseitige Erkenntniss über die „Warmhaltung“ der Lokomotiven im Winter und über Vorheizung des Speisewassers erzielt.

Die Reparaturkosten einer Maschine stellten sich auf mindestens 2000 ℛ℔ jährlich. Der „Blitz“ war am 11. April in Leipzig eingetroffen und in zwei Tagen montirt worden. Schon bei dem ersten Ausfluge zeigten sich die

Folgen der Ueberstürzung; die Schieber (steam valves) standen nicht in Linie und arbeiteten unregelmässig, Dampfröhren mussten gelöthet werden, Bolzen brachen, Kolbenstangen standen nicht in einer Linie mit den Exzentern, der Kessel nicht parallel zu Gestell und Rädern. Im Herbste mussten 64 kupferne Flammenrohre (tubes) durch messingene ersetzt und die Seitenwände der Fireboxes durch Kupferbolzen versteift werden. Neigung zu Brüchen in den Abbiegungen der gekröpften Achsen war ebenfalls vorhanden. Bei der sechsräderigen Maschine „Renner“ zeigte sich auf nassen Schienen Mangel an Adhäsion und Triebräderbelastung. Fühlbar wird auch der Mangel an Einheit der Konstruktionstheile. Gegenüber allen diesen Schwierigkeiten hielt H. Köhler mit seinen zwei Maschinen den Betrieb — mit kurzen Unterbrechungen — aufrecht.

Das Heizmaterial bestand aus etwa $\frac{1}{8}$ Klafter Holz zum Anheizen an jedem Fahrtage und aus Koks. Man bedurfte 0,03 Scheffel Koks, um 0,37 Kubikfuss Wasser bis zu 50 Pfd. Spannung zu verdampfen und damit eine Person in 16 Minuten von Leipzig bis Althen (16 200 Ellen) zu befördern.

Der englische Koks wog 94$\frac{1}{2}$ Pfd., Zwickauer 77 Pfd., Dresdener 69—79 Pfd. auf einen Dresdener Scheffel, die Leistungsfähigkeit verhielt sich damals wie 4 : 3 : 2 auf Grund der Versuche bei den Fahrten, und es konnten nur englische Koke dauernd verwandt werden, weil die anderen verglasten und die Röhren verstopften, überhaupt auch bei geringerer Heizkraft zu theuer waren.

Dagegen fand Köhler, dass einheimische Kohle sich zur Heizung des stehenden Kessels der Expansionsdampfmaschine der Reparaturwerkstatt (von Friedrich Harkort in Wetter a. d. Ruhr) nächst englischem Koks eigne, und dass man die Koksrester aus den Lokomotiven mit grossem Vortheile zur Vorheizung des Kesselwassers auf 40° R. verwenden könne. Bei der „Vorheizung“ gelang gleichzeitig die kostenlose Erzeugung von Dampf zur Leitung mittelst besonderen Rohres in einen „Holzdämpfungskasten“ für die Hölzer der Wagenbau-Anstalt.

Der Personenverkehr vom Eröffnungstage (24. April 1837) bis Ende April 1838 ergab 1286 Fahrten mit 4$\frac{1}{2}$ sächs. Meilen Geschwindigkeit in der Stunde; 152 965 beförderte Passagiere mit 25 134 ℛ℔ 4 ℊ𝓇 Einnahme; hiergegen 19 828 ℛ℔ 19 ℊ𝓇 Ausgaben und eine angenäherte Verzinsung des Anlagekapitals von 2,7 Proz.

---

Schliesslich entwarf Köhler noch eine „Bahnhofsordnung“ und „ein Knappschaftskassen-Statut“, das letztere als Anregung zu der alsbald eingerichteten „Unterstützungskasse“.

**Das Jahr 1838.**

Der Streckenbetrieb vom 1. Mai 1838 bis Ende Dezember 1838 lieferte nach H. Köhler's Aufzeichnungen in Bezug auf die am längsten und stärksten befahrene Strecke Leipzig — Wurzen abermals neue Erfahrungen.

Die drei Oberbausysteme, Holzbahn, Edge-Rails und Vignoles-Schienen standen im Vergleiche; die zweite Sorte hielt sich am schlechtesten und betrugen die Unterhaltungskosten, reduzirt auf Jahr und sächsische Meile, rund:

$$2390 \text{ \textit{Rp.}}, \quad 4120 \text{ \textit{Rp.}}, \quad 1980 \text{ \textit{Rp.}}$$

Die Bahnwärterkosten hoffte Köhler durch „Sperrung und Selbstöffnung der Schranken seiten der Passanten" zu mindern.

Die Kutschen wurden auf Köhler's Vorschlag insofern erheblich verbessert, als man anstatt bisher 24 fernerweit 40 Plätze auf zwei Achsen der Wagen dritter Klasse anbrachte.

Die Lokomotiven gaben zu vielen Bedenken Anlass; so konnte dem „Columbus" nur mit Löbejüner Kohlen eine angemessene Kraftäusserung abgewonnen werden; auch die Bury'schen Maschinen taugten gegenüber Rothwell'schen anscheinend weniger und im Allgemeinen war die entstandene „Musterkarte verschiedenster Konstruktionssysteme" äusserst lästig für den Betrieb. Dagegen setzte man grosse Hoffnungen auf die nach Stephenson verbesserten Maschinen, wie: „Sturm", „Salamander" und „Stephenson", wegen der vier festen Exzenter.

Nennenswerthe Betriebsunfälle hatte auch das zweite Betriebsjahr nicht zu verzeichnen, und bezogen sich bereits viele ausländische Eisenbahnunternehmungen auf Leipzig-Dresden als „ein Muster der Art".

Der Nutzeffekt der Lokomotiven, berechnet unter Verwandlung der gefahrenen Güter in gefahrene Personen à $1\frac{1}{4}$ Zentner und auf die letzten acht Monate des Jahres 1838 für die Strecke Leipzig—Wurzen, ergab, dass für eine Person auf eine sächsische Meile bei einer Geschwindigkeit von 26 engl. Meilen in der Stunde mit 0,10 Scheffel Koks 0,42 Kubikfuss Wasser bis zu einer Spannung von 50 Pfd. auf den Quadratzoll verdampft worden seien, und dass das ungünstigere Ergebniss gegenüber dem Vorjahre in der Benutzung von sechs Maschinen anstatt einer im Vorjahre, und zwar bei nur dreifach längerer Strecke, zu suchen sei. Hieraus wird als richtig gefolgert:

1) die Fahrten schnell einander folgen zu lassen,
2) zwischen Leipzig und Dresden nur ein bis zwei Mal Maschinenwechsel eintreten zu lassen,
3) möglichst wenig Lokomotiven gleichzeitig in Dienst zu stellen.

Die Gesammtausgaben für Ende 1838 betrugen 40 162 *Rp.* 9 *gr.*

| | | | |
|---|---|---|---|
| Die Einnahme für Güter | 3 009 *Rp.* | 12 *gr.* | |
| für Passagiere . . . . | 45 985 „ | 2 „ | |
| Sa. | 48 994 *Rp.* | 14 *gr.* | |

Der Gewinn war sonach nur 8832 *Rp.* 5 *gr.* ohne Gehalte, Verwaltungsspesen und Kapitalverzinsung.

## Geschichtlicher Rückblick auf den Theilstreckenbetrieb in den Jahren 1837 und 1838.

Die im Unterbau unschwer herzustellende Bahnstrecke Leipzig bis Althen, 16 200 Ellen lang, war fertig; die erste Lokomotive „Komet" hatte am 28. März 1837 ihre Laufprobe bestanden und am 24. April 1837, Vormittags 9 Uhr, hatte mit der zweiten — binnen acht Tagen montirten — Maschine „Blitz" die erste Eröffnungsfahrt unter Betheiligung des Königs Friedrich August II. und des

Prinzen Johann stattgefunden. Hierauf folgten stündliche Personenfahrten, jedoch wurden nur fünf Billets auf ein Mal an eine und dieselbe Person verabfolgt. Die Billets lauteten auf numerirte Plätze und kosteten für die drei Wagenklassen 8, 6 und 4 *gr.* Die Aufrechterhaltung der Ordnung längs der Bahn war schwierig und liess sogar die Bewachung angrenzender Felder behördlich angezeigt erscheinen.

Die ersten Fahrten gingen glücklich von statten und ergaben am 24. April 1837 einen Erlös von 268 *Rp.* 8 *gr.*, am 25. April 254 *Rp.* 1 *gr.* Wurden in der folgenden Zeit dieselben auch mitunter unterbrochen, ereignete es sich namentlich auch zuweilen, dass von Leipzig nach Althen mit dem Dampfwagen gefahrene Passagiere wegen Mangel an Platz, oder plötzlich eintretender Betriebsstörungen, mit irgend einer anderen Gelegenheit wieder zurück mussten, so war doch ein grosser Schritt gethan und ein bedeutender Erfolg erzielt. Man sammelte Erfahrungen über den Oberbau, Wagen und Maschinen, bildete einen Stamm für das Betriebspersonal aus und erweckte neues Vertrauen zu dem Unternehmen. Welches Interesse diese Fahrten hatten, zeigt der Umstand, dass im Laufe des Jahres viele auswärtige fürstliche Personen davon Gebrauch machten. — Erst einige Monate nach der Eröffnung ereignete sich ein Unfall, veranlasst durch die Eigenmächtigkeit eines Lokomotivführerlehrlings Schulze, der an Maschine und Wagen nicht unerheblichen Schaden anrichtete.

Am 11. Mai 1838 konnte die Bahn bis Machern — 2 Meilen — befahren werden, nachdem mannigfache Differenzen mit den dasigen Grundstücksbesitzern, namentlich auch wegen der Restauration, beseitigt waren. Bis zu dieser Zeit, vom 24. April 1838 ab, waren auf der Strecke von Leipzig bis Althen beziehungsweise Borsdorf in 1670 Fahrten 204 464 Personen befördert worden. — Der Damm bei Gerichshain und der Machern'sche Einschnitt, kostspielige und für jene Zeit schwere Bauten, hatten die Weiterführung so lange aufgehalten.

Die erste Strecke von Dresden aus bis zur Weintraube — 1 Meile — wurde am 19. Juli 1838 eröffnet. Es geschah dies unter grosser Theilnahme Seiten der Dresdener Bevölkerung. Die zugesagte Betheiligung des Königs und des Königlichen Hauses war nur wegen Besuches des Kaisers von Russland in Pillnitz unterblieben. Mehrere Gedichte feierten das wichtige Ereigniss. Um diese Zeit wurde auch für Dresden ein Geschäftsführer der Kompagnie in der Person des bisherigen Vorsitzenden des Eisenbahnkomitee in Chemnitz, Stephan Benedict Buchler, ernannt.

Die Eröffnung der Fahrten bis zur Station Wurzen, 3,3 Meilen von Leipzig, erfolgte am 31. Juli und bis zur Station Luppa-Dahlen, 5,8 Meilen, am 16. September 1838, an welch' letzterem Tage auch die Strecke bis Oberau, 3 Meilen von Dresden aus, befahren wurde. Nachdem am 3. November 1838 die Bahn bis Zschöllau (Oschatz), 7,0 Meilen von Leipzig, in Betrieb gesetzt war, wurde sie bereits zur Vermittelung für Postsendungen zwischen Leipzig und Dresden benutzt, indem für die Zwischenstrecke zwischen Oschatz und Oberau korrespondirende Posten eingerichtet wurden. Vom 16. September 1838 an musste jedoch auch die bedungene Entschädigung an

die Post gezahlt werden, die nach vorheriger Remon-
stration auf 500 ℛ𝔭 für die Meile der befahrenen Bahnstrecke bis zur Eröffnung der ganzen Bahn ermässigt
wurde, was für 1838 die Summe von 1211 ℛ𝔭 15 𝑔𝑟: 5 𝔡
ergab. Am 21. November desselben Jahres wurden die
Fahrten bis Riesa, 9 Meilen, ausgedehnt.

Für diese dem Verkehre eröffneten Bahnstrecken
waren die Taxen damals in folgender Weise bestimmt:

1) für Passagiere in I. Klasse 6 𝑔𝑟: für die Meile,
   „        „       „ II.  „  4 „ „ „ „
   „        „       „ III. „  2 „ „ „ „
   bei 40 Pfund Freigepäck und 1 𝑔𝑟: für die Meile
   für 100 Pfund Uebergewicht;

2) für Thiere für die Meile Hund 1 𝑔𝑟:, Pferd 8 𝑔𝑟:,
   1 Stück Rindvieh 7 𝑔𝑟:, ein Schwein 2 𝑔𝑟:, ein
   Kalb 1½ 𝑔𝑟:, ein Stück Schafvieh 1 𝑔𝑟:;

3) für Frachtgüter in Ballen, Kisten, Fässern, Säcken,
   Körben, Wildpret, geschlachtetes Vieh 100 Pfund
   für die Meile 1 𝑔𝑟:, in langsamer gehenden Güter-
   fahrten 6 𝔡, welch' ermässigter Satz auch für Holz
   und Kohlen in Anwendung kam;

4) für Equipagen 16, 18 und 24 𝑔𝑟:, je nach der Grösse.

Dieser Tarif zeichnet sich durch Einfachheit aus und
ist zwar in den meisten Positionen theurer als jetzt, theilweise aber auch billiger. Anmeldungen wurden wegen der
geringen Anzahl der Transportmittel rechtzeitig erbeten.

Man hatte jedoch schon damals Veranlassung, gewisse
Transporte zu begünstigen, um solche der Bahn zuzu-
führen, und deshalb insbesondere mit einem Lieferanten
böhmischer Kohlen einen Vertrag mit billigeren Sätzen,
die jedoch die jetzigen noch lange nicht erreichten, ab-
geschlossen; beispielsweise wurde demselben für die
Strecke Riesa—Leipzig der Satz von 5 𝑔𝑟: für die Tonne
= 2½ Ztr. bewilligt. (Jetzt zahlen böhmische Kohlen
auf der ganzen Strecke zwischen Leipzig und Dresden
etwa 20 Pf. für den Ztr. oder 50 Pf. für die Tonne.)
Dies erschien aber noch sehr abnorm und man fürchtete
sehr, dass man mit einem so billigen Frachtsatze nicht
auskommen würde, so dass der Ausschuss intervenirte und
nur nach vorheriger Erläuterung von einem Proteste
absah. — Die Züge begleiteten ein Wagenmeister und
mehrere Schaffner. Nur die Sitze in der ersten Klasse
waren noch numerirt.

In der Zeit vor Eröffnung der ganzen Bahn wurden,
um die im Betriebe befindlichen Bahnstrecken möglichst
auszunutzen, zur Nachtzeit auch Pferdetransporte auf der
Bahn eingerichtet, womit namentlich Holz und Kohlen
und andere Rohprodukte befördert wurden. Ein bei Gelegenheit dieser Transporte auf der Bahn stehen geblie-
bener Langholzwagen verursachte einen Zusammenstoss,
der nicht unerhebliche Beschädigungen im Gefolge hatte.
Nach Eröffnung der ganzen Bahn hörten diese Pferdetransporte auf.

## Eröffnung der ganzen Bahn am 7. und 8. April 1839.

Auf die unter dem 1. April 1839 bei dem Direktorium eingetroffene Erklärung des Oberingenieurs, „dass
von diesem Tage an die ganze Bahn mit Lokomotiven

passirbar sei", wurde die feierliche Eröffnung der Bahn
für den 8. April 1839 anberaumt.

Ausser dem Könige und dem Königlichen Hause waren
an distinguirten Personen Leipzigs und Dresdens, sowie
der dazwischen gelegenen, durch die Bahnlinie mittelbar
oder unmittelbar berührten Ortschaften, namentlich an
die Gemeindevertreter, Einladungen ergangen. Von Damen
nahmen, ausser den Mitgliedern der Königlichen Familie
und des Hofes, die Frauen der Direktoren und einiger
Ausschussmitglieder an der Festlichkeit theil. Dieselben
hatten als Ehrengeschenk eine kostbare von ihnen ge-
stickte Fahne dargebracht, welche den für die Königliche
Familie bestimmten Wagen schmückte. Allen Theil-
nehmern waren die Plätze in den Wagen angewiesen,
auch war genau der Empfang und die Begrüssung des
Königs und des Königlichen Hauses durch die Direktoren,
einige Ausschussmitglieder und deren Frauen vorgeschrieben. Die technischen Dispositionen hatte Oberingenieur
Hauptmann Kunz mit grosser Umsicht und „Spezialität"
getroffen. Jeder Zug fuhr mit zwei Lokomotiven und
hatte einen Zugskommandanten — Ingenieur-Lieutenant
Peters, Ingenieur-Assistent von Römer und Ingenieur-
Assistent Eichler —, sowie einen Schaffner und das
erforderliche Fahrpersonal. Ausserdem waren auf den
Hauptstationen Wurzen, Oschatz, Priestewitz und Dresden
Reservemaschinen aufgestellt und die Ingenieure auf die
verschiedenen Stationen vertheilt, Dietz in Leipzig,
Spiess in Wurzen, Frauenstein in Oschatz, Sergel
in Riesa, Pöge am Grödler-Kanal, Wohlbrück in Prieste-
witz, Rachel in Oberau, Burghart auf der Weintraube,
Mohn auf dem Bahnhof Dresden.

Am 7. April Nachmittags hielt im Bahnhofe Leipzig
vor Abfahrt der drei Festzüge Kreisdirektor Dr. von Fal-
kenstein die Eröffnungsrede. Hierauf überreichte der
Minister des Innern von Nostitz-Jänkendorf dem
Direktor Gustav Harkort und dem Oberingenieur
Hauptmann Carl Theodor Kunz das Ritterkreuz des
Zivilverdienstordens. Abends fand Festtafel in den Loka-
litäten der Harmoniegesellschaft zu Dresden statt.

Am 8. April, Vormittags 9 Uhr, fuhren die drei Festzüge unter dem Donner der Kanonen in Dresden ab, be-
setzt durch Se. Majestät den König Friedrich August II.,
Se. Königliche Hoheit den Prinzen Johann, die beiden
hohen Gemahlinnen, vier Prinzen und Prinzessinnen und
alle Geladenen. Ankunft in Leipzig kurz nach 12 Uhr,
wo Festtafel im Schützenhause veranstaltet war.

Gustav Harkort, der mit Thaten redende, dem
wahren Fortschritte huldigende Mann, feierte in mar-
kigem Trinkspruche das hohe landesfürstliche Haus, mit
warm empfundenen Worten treuester Anhänglichkeit und
tiefster Ehrerbietung, insbesondere hierbei der mitanwe-
senden prinzlichen Kinder „als der Hoffnung zukünftiger
Tage" gedenkend.

Mit der Rückfahrt der fürstlichen Personen und der
bezüglichen geladenen Gäste endete die durch keinen Unfall getrübte Feier als eines der grossartigsten Feste in
der sächsischen Eisenbahngeschichte.

————

Der öffentliche Güter- und Personenverkehr begann am 9. April 1839 auf der ganzen Linie.

## Die Betriebsorganisation vom Eröffnungsjahre 1839 an.

Dem Betriebe der Bahn ging die Betriebsorganisation voraus, und zwar auf Grund eines vom Direktorium mit hauptsächlicher Genehmigung des Ausschusses aufgestellten Organisationsplanes, der, alle Verwaltungszweige umfassend, die Geschäftskreise der einzelnen Verwaltungsstellen und Beamten bestimmte. Man unterschied: den „Bahnbau" und die „Unterhaltung der baulichen Anlagen" vom „Betriebe" mit allen seinen Geschäftszweigen.

Allgemeine Grundsätze waren: die Verantwortlichkeit der Angestellten gegenüber ihren nächsten Vorgesetzten und schliesslich gegenüber dem Direktorium, die Kündbarkeit aller Beamten, deren Verpflichtung zum Beitritte zu einer Pensions- und Unterstützungskasse (die am 1. Januar 1841 ins Leben trat), die Verfassung von Einzelinstruktionen für alle Beamtenklassen, die in den Grundzügen noch 1876 Geltung hatten, und die Ausübung der Disziplinargewalt.

### Die Gliederung des Dienstes.

Der Hauptverwaltung stand das Direktorium vor, unter technischem Beirathe des Oberingenieurs, als welcher Hauptmann Kunz unbeschadet seiner Stellung als Königl. Wasserbaudirektor gegen Gewährung einer angemessenen Entschädigung einige Jahre lang weiter wirkte.

Ein Bevollmächtigter (seit Frühjahr 1838 der am 1. September 1837 angestellte Friedrich Busse) und für Dresden ein Geschäftsführer (Stephan Benedikt Buchler) standen dem Bahnbetriebe unmittelbar und nach Maassgabe der Statuten vor.

Buchhaltung und Kontrole bedingten die Annahme besonderer Beamten.

Die drei Bahnabtheilungen Leipzig, Riesa, Dresden leiteten bei der Bahneröffnung die Ingenieure Dietz, Sergel und Burghart. Denselben waren ausser den Beamten der Bahnhöfe — das ist den Oberaufsehern, Schirrmeistern, Weichenwärtern — noch 12 Oberbahnwärter und etwa 200 Bahnwärter nebst Beiwärtern unterstellt; es kam also im Durchschnitte ein Bahnwärter auf 1000 Ellen freie Bahn und ein Oberbahnwärter auf etwa 17 000 Ellen.

Dem Maschinenmeister Kirchweger unterstanden die Vormänner am Heizhause in Leipzig und Dresden und das Lokomotivpersonal. Keiner durfte ohne Lehrzeit und ohne bestandene Prüfung selbständig eine Lokomotive führen. Eine besondere Instruktion für die Maschinenführer bestand seit 1838 in englischer und deutscher Sprache und musste gleichwie das Signalbuch und ein Beibuch zur Notirung der Brenn- und Schmiermaterialien u. s. w. im Tenderkasten liegen.

Die Wagenbau-Anstalt stand unter einem Dirigenten mit Vormännern; die Koksbrennerei und Brennmaterialkontrole ebenfalls unter einem Dirigenten in Riesa (Obersteiger Schneider vom Tunnelbau Oberau).

Die Expedirung der Personen und der Güter war in Leipzig und Dresden getrennt und wurde durch drei Einnehmer und einen Verwieger besorgt, während auf Zwischenstationen in der Regel nur ein Einnehmer für Beides fungirte.

Den Schirrmeistern lag die Wagenrevision auf den Stationen ab.

Zugführer, Packmeister und Schaffner besorgten den Dienst auf fahrenden Zügen.

### Personen-, Gepäck- und Güterverkehrs-Ordnung.

Hinsichtlich des Personen- und Güterverkehrs musste man sich anfangs einerseits an die für den Landstrassenverkehr üblichen Bestimmungen und Taxen anlehnen, andererseits aber auch der besonderen Natur der Eisenbahnen, welche die schnelle Beförderung einer grossen unbestimmten Masse von Personen und Gütern erfordert, Rechnung tragen. Ein unter dem 9. April 1839 erlassenes Reglement mit Fahrtaxen liefert den Beweis, in welch' einfacher Weise, im Vergleiche zu der gegenwärtigen Einrichtung, man das Verhältniss der Eisenbahn zum Publikum auffasste, wobei man hinsichtlich der Personenbeförderung im Wesentlichen die bei der Post herrschenden Normen auf die Eisenbahnen übertrug und bezüglich des Güterverkehrs diese lediglich als Frachtführer ansah. Nach dem gedachten Reglement gingen täglich je zwei Personenzüge von Leipzig und Dresden ab, an beiden Orten früh 6 Uhr und Nachmittags 3 Uhr, die die Tour in der Regel in $3\frac{1}{4}$ bis 4 Stunden durchfuhren, jedoch nur, mit Ausnahmen an gewissen Tagen, wenn bei Borsdorf und Machern und Kötzschenbroda und der Weintraube Passagiere aufgenommen und abgesetzt wurden, an den Zwischenstationen hielten. Die Fahrpreise waren auf 3 $\mathscr{R}\!\!\mathit{g}$ in I., 2 $\mathscr{R}\!\!\mathit{g}$ in II. und 1 $\mathscr{R}\!\!\mathit{g}$ 6 $\mathit{gr}$ in III. Wagenklasse für die ganze Tour bestimmt. Die Billets hatten im Wesentlichen die Form der noch 25 Jahre später im Lokalverkehre von Leipzig-Dresden im Gebrauche befindlichen. Dieselben wurden auch beinahe auf allen übrigen deutschen Bahnen eingeführt, sind aber später durch die Edmonson'schen Karten verdrängt worden, weil das diesen zu Grunde gelegte System der doppelten Abstempelung einmal seiten der Kontrole, wodurch die gedruckten Billets erst Gültigkeit erlangen, und seiten der Billeteurs, welche den Billets die Gültigkeit für eine bestimmte Fahrt verleiht, den Anforderungen schnellen und die Verwaltung sichernden Verfahrens besser entsprach. Ein Billeteur der Endstation hatte damals nur 21 Sorten Billets, nämlich je drei für die sieben Stationen. Das Reglement für den Personenverkehr enthielt nur einige Bestimmungen polizeilicher Natur, wie über das Ein- und Aussteigen, das Verhalten im Wagen und dergleichen. Die Gepäckordnung bestimmte, dass das Reisegepäck mit Namen und Bestimmungsort des Eigenthümers deutlich bezeichnet und eine Stunde vor der Abfahrt aufgegeben werden sollte; Freigepäck war bis zu 40 Pfd. nachgelassen, für Mehrgewicht und zwar von 41 bis 100 Pfd. musste $\frac{1}{2}$ $\mathit{gr}$ und von 100 bis 150 Pfd. 1 $\mathit{gr}$ für die Meile Fracht gezahlt werden. Eine Haftung für das Reisegepäck übernahm die Kompagnie nach Vorgang der englischen Bahnen nicht, vielmehr sollte jeder Reisende selbst auf sein Gepäck achten und die Abnahme desselben bei der Ankunft bewirken. Gegen eine besondere Vergütung von $\frac{1}{2}$ *gr*. für 1 bis 40 Pfd., von 1 *gr*. für 41 bis 100 Pfund und von 2 *gr*. für 101 bis 150 Pfd. u. s. w. für die Meile wurde Garantie bis zu 1 *Rp*. für das Pfund übernommen und dafür ein sogenannter Garantieschein gegeben, gegen dessen Zurückgabe allein das darauf bezeichnete Gepäck am Bestimmungsorte ausgeliefert wurde. Mehrversicherung war gegen einen, in dem angegebenen Verhältnisse bestimmten Zuschlag zulässig. Die Expedition des Gepäcktransportes wurde nach und nach, und nachdem besonders alles Gepäck gegen Garantieschein angenommen wurde, in der Weise besorgt, dass dem Reisenden gegen Vorzeigung des gültigen Fahrbillets ein Gepäckschein mit der Nummer und Stückzahl des übergebenen Gepäcks, welches mit der gleichen Nummer und dem Bestimmungsorte versehen werden musste, gegeben wurde.

Bei dem Güterverkehre erkannte man es im Interesse des Verkehrs als geboten, eine Klassifikation der Güter anzunehmen und dafür verschiedene Taxen festzusetzen. Man unterschied, abgesehen von den Vieh- und Equipagentransporten, welche letztere bei der damaligen Art des Reisens von grösserer Bedeutung erschienen, zunächst Güter, die in den Eilzügen zur Beförderung gelangten, Güter, die mit den gewöhnlichen Güterzügen befördert wurden, und Produkte, wie Getreide, Brennholz, Steine und Steinkohlen. Die Fracht für die Eilgüter, Klasse A, war nach dem Satze von 1 *gr*. für Zentner und Meile, demnach auf 15$\frac{1}{2}$ *gr*. für die Tour zwischen Leipzig und Dresden, für die Güterzüge, Klasse B, auf 7 *gr*. und für die genannten Rohprodukte, Klasse C, auf 6 *gr*. berechnet. Das Reglement, aus 16 verschiedenen Punkten bestehend, enthielt im Allgemeinen folgende Bestimmungen:

Ohne Frachtbrief oder offene Adresse sollte nichts angenommen werden. Ein bestimmtes Formular war hierfür damals nicht vorgeschrieben, vielmehr wurden die Frachtbriefe entweder auf der Eisenbahn von den Expedienten nach einem dort angenommenen Formular ausgefertigt, oder, was die Regel war, die Spediteure übergaben die Sendungen mit ihren Frachtbriefen. Sendungen unter 20 Pfund waren als postzwangspflichtig ausgeschlossen. Die Frachtberechnung erfolgte bei einem Minimalbetrage von 2 *gr*., unter Abrundung auf ganze Groschen bei Beträgen von 6 bis 11 Pfennigen, von 50 zu 50 Pfd., so dass z. B. 21 Pfd. für 50 Pfd. angenommen wurden. Auch Frachtvorschuss an „bekannte Personen" wurde gegen eine Provision von 6 $\delta$ für den Thaler gewährt. Für Bau- und Nutzholz und Sandsteine waren Normalgewichte angenommen, Schiesspulver, Knallsilber und alle selbstentzündliche Gegenstände von der Beförderung ausgeschlossen, während gefährliche Substanzen, namentlich Scheidewasser, Schwefelsäure u. s. w. nur nach besonderer Uebereinkunft und gegen erhöhte Fracht, sowie unter besonderen Vorsichtsmaassregeln befördert wurden. Besonderer Uebereinkunft bedurfte es auch für alle ungewöhnlichen Raum einnehmenden Gegenstände. Für innerhalb 24 Stunden nach Ankunft auf der Station nicht abgenommene Güter wurde ein besonderer Lagerzins von 4 $\delta$ für 100 Pfd. berechnet. Die Kompagnie wollte nur für „erweislichen Diebstahl", ausserdem aber für keine Art von Verlust oder Beschädigung haften, welche die

gelagerten Waaren in den völlig trockenen, gegen Wind und Wetter wohlverwahrten Niederlagen derselben erleiden könnten. Die Haftpflicht wegen des Transportes schien dadurch nicht beschränkt und namentlich war ein Normalsatz für den Entschädigungsfall noch nicht angenommen, wie auch in einem solchen in den ersten Jahren vorgekommenen Falle eine bedeutende Summe gezahlt worden ist. Im Uebrigen war lediglich der Zollvorschriften halber, denen zufolge kein Frachtfuhrmann Güter ohne Lieferzeit zum Transporte übernehmen durfte, eine Lieferzeit von 3 Tagen für die Eisenbahn bestimmt.

Diese allgemeinen Bestimmungen bilden noch jetzt die Grundzüge fast jeden Betriebsreglements. Neben diesen dem Publikum gegenüber geltenden Bedingungen wurde auch der Expeditionsdienst für den Frachttransport geregelt, welcher die Uebernahme der Güter, deren Frankatur oder Fracht- und Vorschussüberweisung, die Kontrole, die Beförderung auf der Bahn und die Ablieferung am Bestimmungsorte oder an andere Frachtführer umfasste. Um die Organisirung dieses Expeditionsdienstes hat sich der damalige Bevollmächtigte F. Busse die erheblichsten Verdienste erworben, auch darüber ein Schriftchen: „Expeditionssystem für den Personen-, Gepäck- und Frachttransport auf der Leipzig-Dresdener Eisenbahn" herausgegeben. Das dabei zu Grunde liegende System wurde ganz oder zum Theil auf fast allen Eisenbahnen Deutschlands angenommen, und wenn es auch entweder weiter ausgebildet oder wiederum verlassen worden ist, so war doch damit die sachgemässe und systematische Behandlung eines ganz neuen Geschäftszweiges angebahnt worden.

Die Erfahrung nöthigte bald, nicht blos Veränderungen der Frachtsätze einzuführen, sondern auch andere Einrichtungen für den Verkehr zu treffen, wenn anders die Transporte auf die Bahn geleitet werden sollten. Denn trotz derselben ging noch ein grosser Theil des Frachtverkehrs über die Landstrasse, theils weil dies für die Spediteure, welche zu jener Zeit fast alle Frachten in Händen hatten, vortheilhafter erschien, und — um Rückfrachten zu erlangen — die Fuhrleute, welche ihre Tour fort und fort machten, billigere Sätze zugestanden, theils auch weil bei dem Transporte mit der auf die Strecke Leipzig-Dresden beschränkten Eisenbahn die dann erforderliche Umladung der weitergehenden Güter Spesen verursachte, die bei den Frachtfuhrleuten vermieden wurden. Die ersten Maassregeln in dieser Hinsicht waren, dass man den Frachtsatz für Holz und Steine von Riesa nach Leipzig von 5 $\delta$ für 100 Pfd. und Meile auf 4 $\delta$ herabsetzte, womit man namentlich die Möglichkeit des Transportes dieser Artikel bezweckte, und dass man noch im Jahre 1839 den Satz für Güter der Klasse C überhaupt auf 5 *gr*. für die Strecke zwischen Leipzig und Dresden ermässigte. Sodann traf man für Leipzig und Dresden die Einrichtung, dass daselbst die Güter der Klasse A und B gegen eine Vergütung von 1 *gr*. — bezw. $\frac{1}{2}$ *gr*. für den Zentner bei Sendungen nach Zwischenstationen — zu und von der Bahn gefahren wurden, eine Maassregel, welche zunächst gegenüber der durch die Frachtfuhrleute gebotenen gleichen Bequemlichkeit veranlasst wurde. Hierdurch trat eine Veränderung in den Frachtsätzen der Klasse A und B ein, indem erstere auf

2

16 *gr.*, letztere auf 8 *gr.* für den Zentner für die ganze Tour erhöht wurde. Endlich suchte man die grossen Versender, die Spediteure, durch die Einführung des sogenannten Zentnergeldes für die Abgabe der Transporte an die Bahn zu gewinnen und zu interessiren. Diese Einrichtung bestand darin, dass den Verladern von Gütern der Klasse A und B bei einem jährlichen Quantum von mindestens 500 Zentner über die ganze Route 1 *gr.* beziehentlich 12$\frac{1}{2}$ $\delta$. oder 12$\frac{1}{2}$ Proz. der Fracht — nach Zwischenstationen 10 Proz. — und von Gütern der Klasse C bei Aufgabe von mindestens 50 000 Ztr. ein gleicher Betrag von 10 Proz. zurückvergütet wurde. Einem der grössten Verlader in Leipzig, der die Güter selbst anund abfahren liess, wurden sogar 2 *gr.* für den Zentner für die Güter der Klassen A und B bewilligt, was später auf alle derartige Verlader ausgedehnt wurde, da die An- und Abfuhr eines Zentners Gut am Abgangs- und Bestimmungsorte (Leipzig und Dresden) auf 1 *gr.* veranschlagt war. Man wollte damit namentlich die Aufgabe der über Dresden nach Leipzig oder umgekehrt gehenden Güter in Dresden bezw. in Leipzig zur Bahn insofern sichern, als die Spediteure die Fuhrleute nur bis Dresden bezw. Leipzig gehen und die von der Bahn kommenden Frachten durch dieselben aufnehmen lassen würden. Eine Ermässigung der Frachten hielt man nicht für geboten; dagegen wurde die Provision für Frachtvorschüsse aufgehoben.

Der Personenverkehr stand anfänglich unter strenger Polizeiaufsicht, indem jeder Reisende vor dem Lösen des Billets sich gegenüber einer Polizeiwache über seine Person ausweisen, nach Befinden auch seine Legitimation während der Fahrt bis zum Endziel abliefern musste.

Eigenthümlicherweise liess das Direktorium alsbald nach Eröffnung jeden Theilbetriebes auf den errichteten Hauptstationen „Beschwerdebücher" bei den „Einnehmern" auslegen und das Publikum hiervon unterrichten.

Vorstehende Angaben über die ersten Zustände im Personen- und Güterverkehr sind der Jubiläumsschrift des Direktoriums vom 4. April 1864 entlehnt, in welcher Schrift dann auch über die spätere Entwickelung des Unternehmens Hauptsächliches zu lesen ist.

### Erfahrungen technischer Natur im Eröffnungsjahre 1839 und im ersten vollen Betriebsjahre 1840.

**1839:** Gleichwie bei künftigen Eisenbahnbauten hat auch entlang der Linie Leipzig-Dresden sowohl im ersten Betriebsjahre als auch in mehreren folgenden die Unterhaltung der Gräben und Böschungen viel Arbeit und Kosten verursacht, und musste man namentlich in dem Einschnitte von Machern zu Faschinen und Pfahlwerk seine Zuflucht nehmen, um die Bewegungen des quelligen Tertiärbodens zu mindern.

Die kleineren Brücken und Durchlässe, erbaut nach bestem Wissen und Können nach Art damals gebräuchlicher Mauerungen und unter Verwendung guten Graukalkes, unterstanden der Einwirkung des hinterfüllten Bodens, quelligen Untergrundes und tiefgehender Fröste, sowie nicht selten der unmittelbaren und einseitigen Druckwirkung passirender Lasten ohne vorhergehende

ausreichende Erhärtung des Mauerwerkes; es waren mehrfach kleine Schäden — Risse und Ausbauchungen — wahrzunehmen. In den Bahnhöfen wurden die Schleusenanlagen vermehrt. An den grossen Bauwerken waren bemerkenswerthe Reparaturen nicht nothwendig, und musste nur im Herbste der bereits erwähnte Mittelpfeiler der Mühlgrabenbrücke im Muldenthale bei Wurzen eingebaut werden. Es durfte nicht unbeachtet bleiben, dass die auf einem Geleise einseitig übergehenden schweren Fahrzeuge und die Kiesaufschüttungen auch die Holzkonstruktionen weit mehr belasteten, als geplant war.

In der Unterhaltung des Oberbaues zeigte sich die absolute Unzulänglichkeit der amerikanischen Holzbahn für den bestehenden Betrieb und die grosse Kostspieligkeit der Unterhaltung gegenüber geringer Ersparniss an Anlagekosten (40 Proz. der Schwellen, über 60 Proz. der Bolzen und Nägel wurden bisher bereits ausgewechselt) und dazu stellten sich die Arbeitslöhne für Geleisunterhaltung um 100 Proz. höher als beim Geleise mit Vignoles-Schienen (massive Bahn).

Die Unterhaltungskosten haben im Jahre 1839 für Unter- und Oberbau zusammen bei Holzbahn etwa 3400 *Rp.*, bei massiver Bahn 2250 *Rp.* betragen, für eine geographische Meile = 4,61 engl. Meilen = 13 092 sächs. Ellen.

Am Jahresschlusse 1839 zählte die Bahn ausser 202 800 Ellen Hauptgeleis noch 56 775 Ellen zweites Geleis und Nebengeleise auf Stationen.

Der Maschinendienst ergab im Allgemeinen Genügendes; es durchliefen im ganzen Jahre 1839:

|  |  |  |  |  |
|---|---|---|---|---|
| 1) Komet | . . | 1571 | geogr. Meilen |  |
| 2) Blitz | . . . | 2086 | „ „ | von Rothwell & Co. in Bolton. |
| 3) Windsbraut | . | 1466 | „ „ |  |
| 4) Faust | . . | 1821 | „ „ |  |
| 5) P. Rothwell | . | 3875 | „ „ |  |
| 6) Salamander | . | 3778 | „ „ |  |
| 7) Burg | . . | 2490 | „ „ | von Eduard Bury in Liverpool. |
| 8) Drache | . | 1283 | „ „ |  |
| 9) Adler | . | 1107 | „ „ |  |
| 10) Pfeil | . . | 1934 | „ „ |  |
| 11) Renner | . . | 816 | „ „ | von Kirtley & Co. in Warrington. |
| 12) Sturm | . . | 1999 | „ „ |  |
| 13) Elephant | . | 2725 | „ „ |  |
| 14) Kirtley | . | 1552 | „ „ |  |
| 15) Greif | . . | 1692 | „ „ |  |
| 16) Stephenson | . | 3159 | „ „ | von Robert Stephenson in Newcastle. |

17) Columbus, war für regelmässigen Dienst unbrauchbar, von Guillingham & Wynants in Baltimore.

18) Saxonia: 928 geogr. Meilen, für regelmässigen Dienst nicht immer geeignet, von der Aktien-Maschinenbau-Anstalt in Uebigau.

In der Regel blieb eine Maschine 6 — 8 Tage im Dienste; Ausnahmen bis auf 20 Tage kamen vor. Hinsichtlich der Tüchtigkeit standen die sechsräderigen Maschinen von Rothwell und die von Stephenson obenan.

Auf eine Lokomotivmeile entfielen bei Personenzügen und fünf Meilen Fahrgeschwindigkeit in der Stunde 1$\frac{3}{4}$ Scheffel Koks, bei Güterzügen und vier Meilen Fahrgeschwindigkeit $2^3/_4$ Scheffel und an Reparaturkosten im Durchschnitte 14 $gr$: Achsen, Räder und Reifeisen (tyres) mussten allenthalben noch von England bezogen werden, wogegen die „messingenen" Heizröhren schon in Dresden und Leipzig gefertigt wurden.

Die zwölf Koksöfen in Riesa arbeiteten noch mit englischer Kohle und lieferten das Erzeugniss besser, als man es von England bezogen hatte; wöchentlich entstanden 2000 Scheffel Koks (à 94 Pfd.) im Werthe von je 20 $gr$: für Gesammtkosten.

Durch umsichtige Leitung des Maschinendienstes hat sich der Maschinenmeister Kirchweger um das Unternehmen Verdienste erworben. Nicht nur, dass unter anderm von 368 beförderten Personenzügen des letzten Quartals 1839 deren 313 in 3 Stunden 15 Minuten bis 4 Stunden einschliesslich aller Aufenthalte — worunter 1 bis 2 Mal für Koks- und mindestens 2 Mal Wassernehmen, auch einmal Vorspannen in Oschatz enthalten — die ganze Bahn zurücklegten, so wurde auch in der gesammten Betriebszeit vom 24. April 1837 bis Ende 1839 von 923 088 Reisenden nur einer verletzt. Als Grenze der Fahrzeiten für Personenzüge waren $3^1/_2$ und $4^1/_2$ Stunde vorgeschrieben und wurden Ueberschreitungen mit Verlust des für richtiges Anbringen der Züge ausgesetzten Meilengeldes gegenüber den Zug- und Lokomotivführern geahndet. ($^1/_2$ $gr$: für die Meile.) Schneller als mit 10 Minuten Fahrzeit für die geographische Meile durften Personenzüge nicht fahren, „Packwagenzüge" mit mindestens 15 Minuten. Auch durfte eine Maschine nur neun Wagen in Personenzügen, acht Wagen, jeden mit höchstens 80 Ztr. Ladung, in Güterzügen nehmen.

---

Erwägt man, dass von Anfang an mit Lokomotiven und Fahrzeugen von einer gegenüber der Zukunft erheblich unvollkommeneren Bauart auf einem ebenfalls urwüchsigen Bahngeleise mit einer in Zukunft nicht in gleichem Maasse gewachsenen Geschwindigkeit gefahren wurde, so gelangt man zu dem Schlusse, dass nach dem Vorgehen Englands auch in Deutschland ursprünglich die gröstmögliche Schnelligkeit der Beförderung von Personen und Lasten als eine von dem Begriffe einer Lokomotiveisenbahn unzertrennliche Bedingung angesehen worden ist, dass man sich gewöhnte, Eisenbahnen nur unter voller Anwendung der für solche gültigen gesetzlichen Vorschriften und nach bestimmten sich einbürgernden technischen Regeln zu bauen und zu betreiben, und zwar jedenfalls nur in Gegenden, wo das Bedürfniss, grosse Massen in kurzer Zeit von Ort zu Ort bewegen zu müssen, als unerlässliche Grundbedingung einer Eisenbahnanlage auftrat. Sind doch die englischen Eisenbahnen in Bezug auf möglichste Erleichterung der Fortbewegung der Lasten, durch Vermeidung von Steigung und Kurve mittelst hoher Kapitalaufwendungen, vom deutschen Eisenbahnbau keineswegs übertroffen worden.

1840. Das Jahr 1840 brachte wieder einige bauliche Ergänzungen infolge neuer Erfahrungen und neuer Erfordernisse, unter anderm die Vergrösserung der Wagenbau-Anstalt, die Bahnberainung, Böschungsbepflanzungen und Befestigungen, Vermehrung der Schleusen in Bahnhöfen, Vergrösserung des Bahnhofes Leipzig am

Hahnekamme, Anlegung neuer Wege; im Oberbau: die Vollendung des durchgehenden zweiten Hauptgeleises im September, die Vermehrung von Geleisen, Weichen, Drehscheiben auf Bahnhöfen.

Beim Oberbau wurde unter anderm gezahlt: für das Einschneiden einer Schwelle auf einer „Einschneidemaschine der Kompagnie" 3 $\beta$, für Transport und Verlegen einer Schwelle mit Schienen und Zubehör auf 1000 Ellen Länge: 6 $\beta$, über 1000 Ellen Länge 7, 8, 9 $\beta$ u. s. f.; für Verschlagen eines Nagels $^1/_2$ $\beta$.; für 100 Ellen fertige Steinbettung 6″ stark, einschliesslich Steinlieferung, 10 $Rp$.; für 1000 Ellen Geleisjustierung 80 $Rp$. Die Schienen lieferte in einer zweiten breitbasigen Form von 18′ engl. Länge wieder England mit Schiff bis Riesa.

Im Hochbau entstanden die Gasbeleuchtungseinrichtung in Leipzig (Dresden blieb noch rückständig), innere unwesentliche Veränderungen und Vergrösserungen von Bahnhofsgebäuden, Vermehrung der Koksöfen in Riesa von 12 auf 18, Bau einer Fördermaschine am hohen Elbufer bei Riesa, Bau einiger Wachhäuser.

Im Signalwesen vollzog sich etwa am 1. Septbr. 1840 die Einführung eines Systems optischer zweiflügeliger Telegraphen, deren beide Arme lothrecht herabhingen, sobald kein Zugsignal oder ein sonstiges die Strecke ablief. Nachtsignale wurden durch zwei Laternen mit weissem Lichte und deren verschiedene Stellungen gebildet; auch gab es ein Feierabendsignal seit 25. Oktober 1840.

Mit der Einführung der optischen Telegraphen fiel die Signalgebung mit Fähnlein selbstredend weg, eine bedeutende Anzahl Bahnwärterposten konnte eingezogen werden und neue Vorschriften legten das Schwergewicht des Bahnwärterdienstes auf die Signalgebung.

In ökonomischer Beziehung bestrebte man sich, die Bahn mit Obst-, Maulbeer- und anderen Bäumen zu bepflanzen und die Bahnwärter durch Ueberlassung eines Antheils an der Nutzniessung hierzu anzuspornen. Der Beamte des Hauptbureaus, Gessler, welcher in Arealsachen schon bisher thätig war, wurde am 15. September 1840 mit der generellen Ausführung dieser Maassregel beauftragt.

Die durchschnittlichen Bahnunterhaltungskosten für die geographische Meile (= 13 092 Ellen) betrugen 3526 $Rp$, einschliesslich der persönlichen Ausgaben. Bemerkenswerth war wieder der hohe Aufwand für die drei Meilen Holzbahn bei Leipzig-Wurzen, wie folgender auf eine geographische Meile Bahn bezogener Vergleich angiebt:

Materialaufwand: 276 $Rp$ bei Holzbahn, 104 $Rp$ bei massiver Bahn derselben Strecke;

Arbeitslöhne: 1030 $Rp$ bei Holzbahn, 735 $Rp$ bei massiver Bahn derselben Strecke;

Schienennägelverbrauch: 4560 Stück bei Holzbahn, 65 Stück bei massiver Bahn derselben Strecke.

Aus dem Transportdienste möge Erwähnung finden:

Der Scheffel Koks einschliesslich Allem bis auf den Tender berechnete sich auf 21 $gr$: 4 $\beta$.

Zu 46 868 Lokomotivmeilen waren 105 154 Scheffel Koke verbraucht, das ist für die Meile 2,244 Scheffel; Personenzüge erforderten 2 Scheffel, Güterzüge $2^1/_2$ Scheffel für die Meile.

2*

Der Gesammtaufwand für Zugkraft, einschliesslich Gehalte, Gebühren, Reparatur, Oel und Sonstigem, belief sich auf 2⅔ ℛₚ für die Meile nach Maschinenmeister Kirchweger's Angaben.

Versuche mit Sandstreubüchsen und Eiskratzen für Lokomotiven hatten einigen Erfolg.

Dagegen war die Betriebsleitung nicht immer glücklich in der Wahl ihrer Mittel für Schneebeseitigung und erregte namentlich eine Verordnung vom 1. Februar 1839, nach welcher „bei Schneefall kleine Schneepflüge, durch ein oder mehrere im Voraus bestimmte Pferde von Anwohnern gezogen, den Schnee bei Seite schieben sollten", begründete Bedenken bei den Ingenieuren. „Die Pferdeführer sollten nur aufmerksam auf herankommende Lokomotiven sein und solchen zeitig ausweichen, was leicht zu bewerkstelligen sei." Bald sind auch grössere Schneepflüge an „Packwagen" (das sind offene Lowrys) angebracht worden.

Die Wagenbau-Anstalt lieferte fortdauernd günstige Ergebnisse, zumal die Staatsregierung die von der Kompagnie erbetene Erlaubniss, auch für fremde Bahnen Wagen bauen zu dürfen, fernerweit nicht vorenthielt. Durch Zubau der Wagen II. Klasse mit Fenstern, Anbringung von Verdecken mit Seitenplanen auf die Wagen III. Klasse, Anbringung von Laufbrettern anstatt Trittstufen, ferner durch Wärmsandkasten und Achshalter-Verbindungen wurden im Jahre 1840 wesentliche Schritte vorwärts gethan.

Auch die Fertigstellung von vier grossen sechsräderigen Tendern in der Wagenbauanstalt, welche doppelte Mengen Wasser und Koks fassten, wurde freudig begrüsst und ermöglichte die Beschränkung der Entnahmestationen auf Leipzig, Oschatz und Dresden, wodurch Fahrzeitabkürzung erreicht wurde.

Versuche, sich von englischer Kohle durch Heizung der Lokomotiven mit Holz zu befreien, misslangen vollständig. Dagegen waren die Versuche, Koks aus sächsischer Kohle mit Erfolg zu verwenden, am Jahresschlusse 1840 als gelungen zu betrachten, und hiermit machte die Gesellschaft einen der anerkennenswerthesten Fortschritte in dem Bestreben, von fremdem Einflusse unabhängig zu werden.

Zwei Unfälle waren zu verzeichnen, ein Packwagenbrand, infolge undeklarirten Transportes von Reibzündschwamm, und eine Entgleisung infolge falscher Weichenstellung in Kötzschenbroda, beide ohne Personenverletzung.

### Hauptergebnisse des Betriebes im ersten vollen Betriebsjahre 1840.

Die Einnahme des ersten vollen Betriebsjahres übertraf die Erwartungen noch um etwa 8 Proz. und setzte sich wie folgt zusammen:

A) ℛₚ 303 739. 18. — Personengeld,
B) „ 143 917. 15. 8. Frachtgelder-Brutto-Einnahme,
C) „ 4 299. 18. 7. Frachtgelder von der Königl.
Post für 138 639 Zentner, auf 1 Meile Transportweite,
D) „ 1 494. 23. 6. Pachtgelder,
E) „ 6 790. 8. 6. Magdeburger Antheil.
Sa. ℛₚ 460 242. 12. 3.

Zu A) Personengeld. Befördert wurden

16 535 Personen in I. Wagenklasse ⎱ mit Post
83 789 „ „ II. „ ⎰ zügen,
280 759 „ „ III. „
36 138 „ „ Packzügen seit 1. Okt. 1840.
Sa. 405 135 Personen.

Dieser Zahl entsprechen 3 023 979 Personen auf eine Meile und mit einem Fahrpreise von durchschnittlich „3 Neugroschen" für die Personenmeile.

Zu B) Frachtgelder. Eingenommen wurde:

für 112 558 Zentnermeilen . Eilgut ℛₚ 4 974. 15. —
„ 2 707 768 „ Stückgut, Taxe B „ 60 757. 16. —
„ 1 451 640 „ Kgl. Salztransport, Taxe B „ 30 102. 9. 8.
„ 2 204 407 „ Holz und Steine, Taxe C . . „ 30 049. 13. —
„ 280 710 „ Equipagen à 20 Ztr., „ 12 184. 23. —
„ 37 958 „ Pferde und Vieh „ 792. 1. —
„ 91 028 „ Ueberfracht bei Reisegepäck . „ 4 893. 22. —
Sa. ℛₚ 143 755. 3. 8.

Die Brutto-Einnahme im Frachtverkehre erfuhr eine Zunahme von rund 70 Proz. gegenüber dem Vorjahre, obwohl die Heranziehung des Transitverkehrs aus dem Süden und Osten Dresden via Leipzig noch bevorstand und die englischen Kohlen unter Zahlung höchster Sätze noch immer als Wasserfracht bis Riesa befördert wurden.

Als Hauptereignisse des Jahres 1840 gelten die Eröffnung der Magdeburg-Leipziger Bahn am 18. August und die Inbetriebnahme des zweiten Hauptgeleises am 1. Oktober, die letztere gleichzeitig mit der Einrichtung zweier Packzüge in jeder Richtung für Fracht- und Lokalpersonenverkehr ausser zwei bestehenden Postzügen. Diese Züge hatten bei Bedarf an 26 Stellen zu halten; „fliegende Einnehmer" auf den Zügen selbst gaben die Billets für die Haltepunkte aus, und kostete ein solches Billet von Punkt zu Punkt stets 2½ Neugroschen in III. Wagenklasse. Die ganze Tour wurde mit 28 Neugroschen berechnet.

Das Direktorium und seine Organe, gestützt auf ein bereits geschultes Beamtenpersonal, durften nunmehr der weiteren Entwickelung der Bahn und des Verkehrs ruhig entgegensehen; denn schon das erste volle Betriebsjahr hatte nicht nur die Lebensfähigkeit des Unternehmens mit begründetsten Aussichten auf fernerweites Zunehmen und Gedeihen in hohem Maasse bekundet, sondern auch ausserdem Zeugniss abgelegt für die Richtigkeit der bisher ergriffenen wesentlichen Maassregeln und der Einrichtungen im Allgemeinen.

So ist denn dieses Werk deutscher Thatkraft, deutschen Könnens und Fleisses nach einem halbhundertjährigen Bestehen noch heute eines der wichtigsten Glieder des deutschen weitverzweigten Eisenbahnnetzes geblieben. Es hat sich die Voraussicht ihrer Gründer und Erbauer während dieser 50 Jahre in vollstem Maasse bewahrheitet. Wir können diese Erinnerungsblätter wohl nicht besser schliessen, als indem wir die Worte, welche der Staatsminister Dr. von Falkenstein in der denkwürdigen Landtagssitzung am 12. Mai 1876 zu Dresden, in welcher der Ankauf der Leipzig-Dresdener Eisenbahn durch den sächsischen Staat beschlossen wurde, gleichsam als Schwanengesang der aufgelösten ersten grossen Lokomotiv-Eisenbahngesellschaft Deutschlands nachrief, wiederholen:

„Es ist eine ernste Stunde, in der wir gewissermaassen Abschied nehmen von dem Direktorium der Leipzig-Dresdener Eisenbahn. Meine Herren! Ich bin vielleicht der Einzige oder wenigstens Einer der Wenigen, der so zu sagen der Geburtsstunde dieser Eisenbahn (als Königl. Kommissar) im Jahre 1835 beigewohnt hat. Ich entsinne mich noch sehr wohl der Zeit, da im Jahre 1835 die erste Generalversammlung von dem weltbekannten List und dem in unserem Lande ebenso bekannten Harkort geleitet wurde, wo diese beiden Männer, wenn auch von ganz verschiedenen Ansichten vielleicht ausgehend, aber doch in den Hauptpunkten zusammentreffend, dieses für die damalige Zeit — man kann wirklich sagen — unerhörte Werk besprachen und befürworteten und der Aus-führung entgegenführten. Ich habe dann lange Jahre hindurch als Kommissar verschiedenen Sitzungen beigewohnt und mehr und mehr die Ueberzeugung gewonnen, mit welcher Solidität, mit welcher Umsicht das ganze Unternehmen geführt worden ist und wie sehr das Vaterland in der That diesem Direktorium damals Dank schuldig war, dass es den Muth hatte, in jener Zeit, vom Publikum mehr angefeindet als unterstützt, ein solches Unternehmen durchzuführen. Es hat sich das auch in der späteren Zeit bewährt; es ist bekanntlich die Verwaltung eine solche gewesen, die von allen Seiten nicht blos im Inlande, sondern auch im Auslande vollständige Anerkennung gefunden, ja sogar als Muster einer guten Eisenbahnverwaltung gegolten und anerkannt worden ist. Ich habe geglaubt, dass ich in diesem Augenblicke, wo nunmehr nach meiner Ueberzeugung feststehen dürfte, dass der Staat diese Bahn hoffentlich zum Segen des ganzen Vaterlandes übernehmen wird, also in diesem ernsten Augenblicke, dieses anerkennende Wort dem Direktorium der Leipzig-Dresdener Bahn gegenüber aussprechen darf."

---

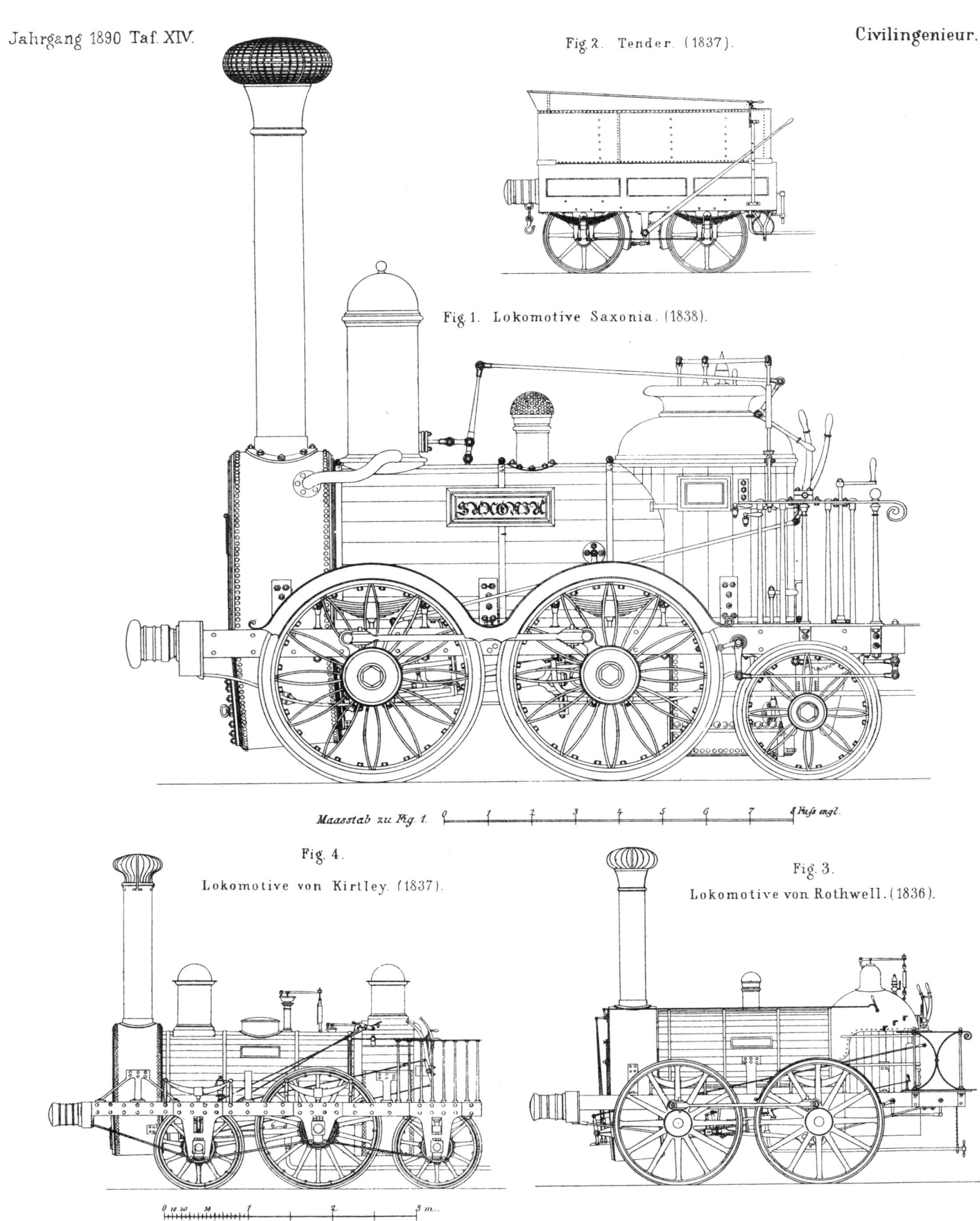

Fig. 2. Tender. (1837).

Fig. 1. Lokomotive Saxonia. (1838).

SAXONIA

Maasstab zu Fig. 1.    0    1    2    3    4    5    6    7    8 Fuss engl.

Fig. 4.
Lokomotive von Kirtley. (1837).

Fig. 3.
Lokomotive von Rothwell. (1836).

0  10  20   30        1              2              3 m.
Maasstab zu Fig. 2, 3 u. 4.

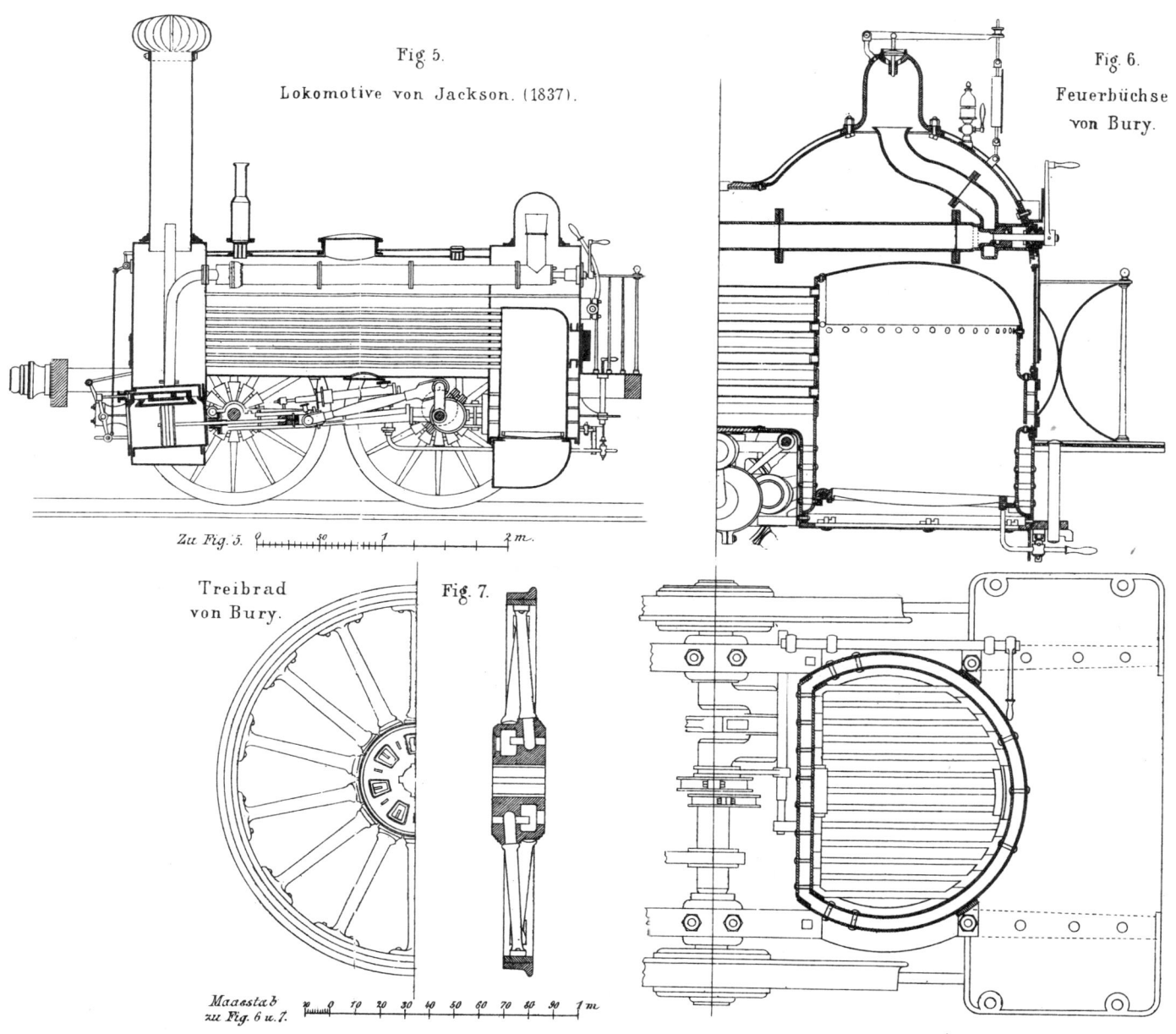

Fig 5.

Lokomotive von Jackson. (1837).

Fig. 6.

Feuerbüchse
von Bury.

Zu Fig. 5.

Treibrad
von Bury.

Fig. 7.

Maasstab
zu Fig. 6 u. 7.

Fig. 1. Personenwagen I Cl.

Fig. 2. Personenwagen II Cl.

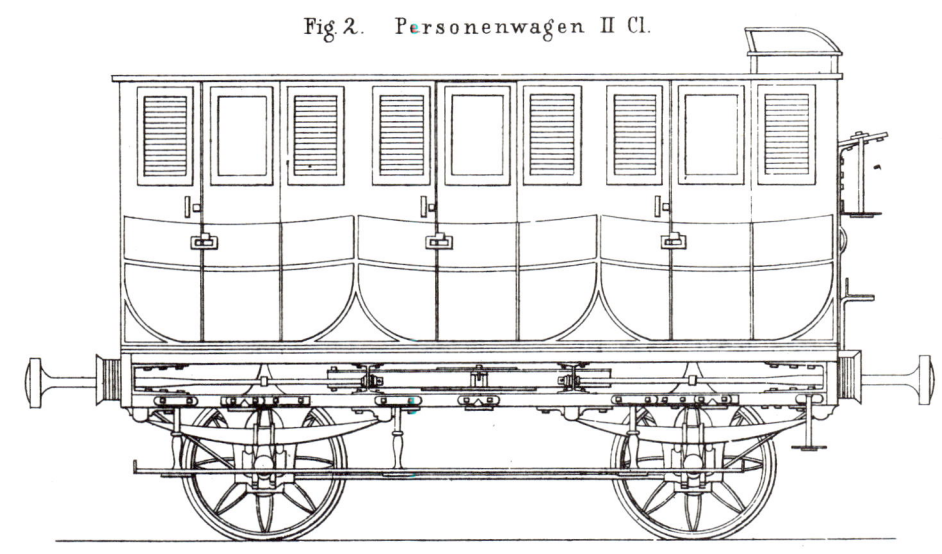

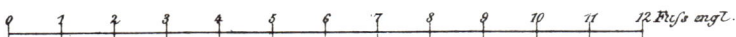

Fig 3.  Personenwagen III Cl

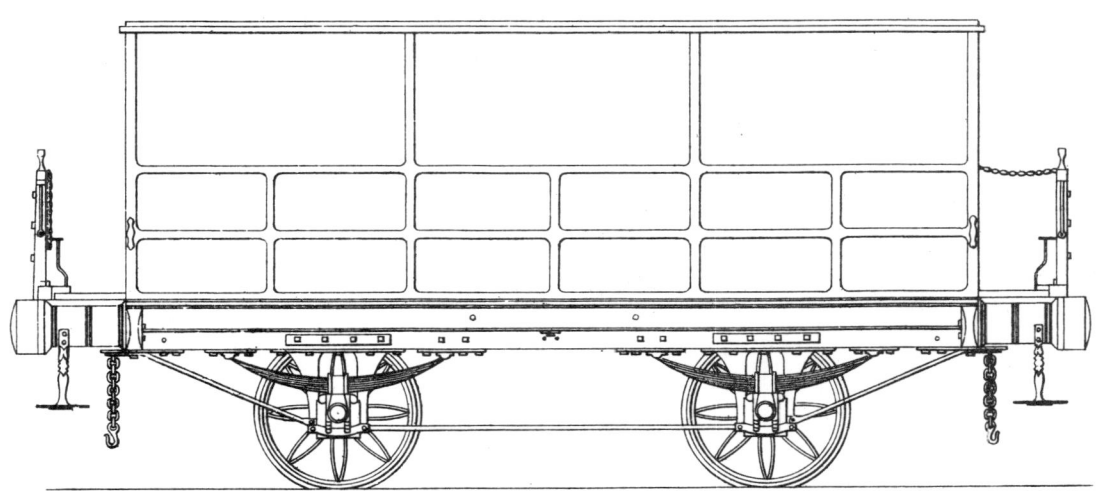

Fig. 4. Bedeckter Frachtwagen.

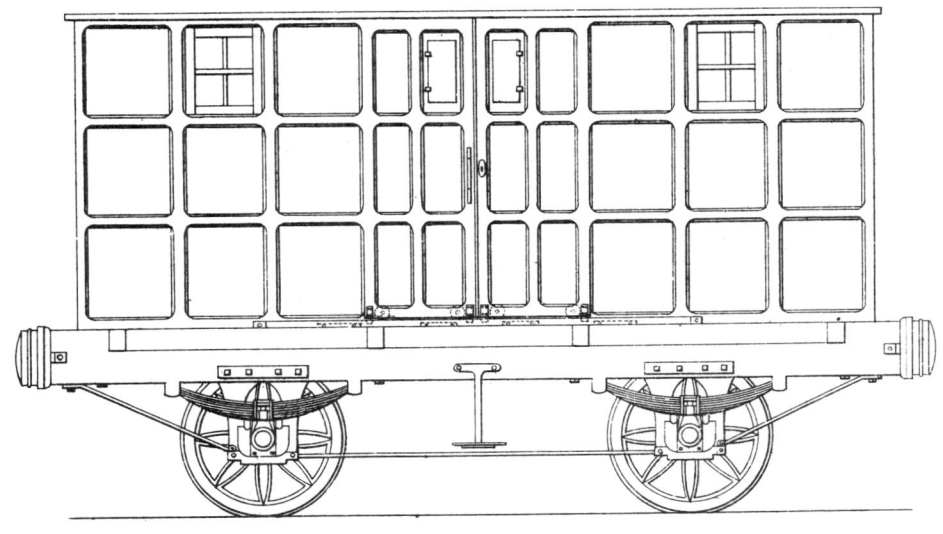

# Tafelverzeichnis

Der Bahnhof in Leipzig von der Promenade aus

Tafel 1

Ankunfts- und Abfahrtshalle in Leipzig

Erste Eisenbahnbrücke über die Elbe bei Riesa

Tafel 3

Tafel 4

Neue Elbbrücke bei Riesa

Tafel 5                    Bahnhof Niederau um 1860

Leipziger Bahnhof in Dresden

Tafel 7.

Eilzuglokomotive »Althen«

Eilzuglokomotive »Oschatz«

Personenzuglokomotive »Rochlitz«

**Tafel 9**

Güterzuglokomotive »Gotha«